정치를 디자인하다

정치를 디자인하다

허은아의
보수 이미지 성공전략
PI 3.0

허은아 지음
강희진 엮음

21세기북스

허은아의 여의도 브랜딩 전략

저에게 정치는 에스프레소입니다. 강한 쓴맛을 제대로 느꼈습니다. 하지만 커피의 진수는 에스프레소인 것처럼 쓰지만 뒷맛의 여운이 오래가는 정치에 점점 몰입했고 젊은 정치인, 일하는 정치인으로 국민에게 즐거운 뒷맛을 남기는 에스프레소가 되고 싶었습니다. 이제 갓 콩을 볶으며 로스팅을 마친 저에게 한국정치에 에스프레소 향을 자아내려는 꿈은 즐거운 도전입니다. 2년 반의 경험과 도전을 이야기하는 대담을 하는 동안 저는 그 꿈을 위해 보수정치의 이미지 전략, 대한민국의 국가 브랜딩을 어떻게 어디서부터 시작할 것인지를 생각했습니다.

한국정치에서 보수와 진보의 이미지는 이명박 정부까지는 극명하게 양분되어 고착돼 왔습니다. 진보는 민주화운동을 계승해 개혁적이고 복지를 통한 자원분배에 관심이 있으며 새로운 사조와 새 옷으로 잘 차려입는 산뜻한 세력이라는 이미지를 구축했습니다. 상대적으로 보수는 70년대 산업화 세력을 계승했다는 인식과 경제성장을 우선하는 틀에서 복지를 이야기하고, 전통을 중시함으로써 사회의 안정을 기반으로 점진적인 변화를 추구한다는 이미지가 구축돼 있었습니다.

그러한 보수와 진보의 이미지 양분은 2012년 새누리당이 붉은색을 상징컬러로 채택하면서 변화되기 시작했습니다. 보수가 붉은색을 선택할 만큼 전통적인 방식을 탈피하고 파격을 시도한 것입니다. 그것은 상징 이미지라는 외형의 변화만이 아니라 김종인 박사와 결합해 경제민주화라는 담론, 사회적 약자를 향한 정책의 변화로 이어졌고 많은 국민들의 지지와 갈채를 받았습니다. 보수 정치에 이미지 변화가 시작됐다고 할 것입니다.

한 사람의 이미지도 행동 변화에 따라 바뀌고 기업의 이미지가 한 번의 실책으로 순식간에 바뀌듯이 정치, 나아가 국가의 이미지도 어떻게 브랜딩하느냐에 따라 결정될 것입니다. 그래서 정치도, 국가도 중장기적인 이미지 전략이 필수적이고 그것은 현재를 진단하고 미래의 방향을 정하는 작업에서부터 출발한다고 생각합니다.

국민의힘의 현재를 한마디로 진단해 보면 저는 '가능성'과 '물음표'가 병존한다고 생각합니다. 작년 당대표 선거와 대선 과정에서 국민의힘의 변화가 시작됐지만 아직은 가능성으로 남아 있고 비대위 체제는 국민에게는 여전히 물음표이기 때문이죠.

윤석열 대통령은 문재인 정권의 불공정과 부동산 정책 등 거듭된 실정에 절망한 국민이 불러냈습니다. 국민들은 "사람에게 충성하지 않습니다"라고 말한 대로 문재인 정부의 살아 있는 권력을 원칙대로 수사하려다 탄압받았던 윤석열 검찰총장을 공정과 상식을 이룰 대통령으로 선택한 것입니다.

하지만 20년 만의 성공한 정부가 돼야만 하는 윤석열 정부의 현재 상황은 녹록하지 않습니다. 넘어야 할 난관이 매우 높고 험난해 보입니다. 고환율, 고금리, 고물가라는 글로벌 경제위기로 정부의 선택지와 운신의 폭이 매우 좁게 느껴집니다. 또한 여소야대의 180석 야당이 입법과 정국을 좌우하는 상황도 작지 않은 리스크 요인입니다. 그로 인해 국민이 기대했던 모습에는 아직 미치지 못하고 있습니다. 결국 윤석열 정부가 국민 기대에 부응하기 위해서는 국민과 성공적으로 소통하고, 그것을 정책 변화로 연결시켜 '성공한 정부'를 향해 나아가고 있다는 이미지를 구축하는 것입니다.

정당도 정부도 성공하기 위해서는 결국 국민과의 성공적인 소통이 반드시 필요합니다. 그리고 소통의 성공을 위해서는 정치든 정부든 이미지 전략이 필수적입니다. 구체적으로 국민의 마음과 희망을 살피는 언행을 할 것이냐 아니면 보수 지지층만을 위한 언어와 행동을 할 것이냐, 야당과 협력하느냐 그렇지 못하느냐, 청년과 소통하느냐 못하느냐에 따라 정부와 국민의힘의 브랜드 이미지가 결정된다고 해도 과언이 아닐 것입니다. 출범한 지 반년을 넘긴 정부, 그리고 비상대책위원회 체제인 국민의힘 모두 지금이 국민과 새롭게 소통하는 이미지 전략, 10년 후 100년 뒤를 내다보는 브랜딩 전략을 시작할 적기입니다.

대한항공 승무원이 되고 제가 기내방송을 하는 위치가 됐을 때 저는 운 좋게도 5년 후의 미래, 10년 뒤 어떤 일을 하고 싶은지를 생각해 볼 기회가 있었습니다. 당시 저의 그러한 고민과 강사로의 전직 결정은 쉽지 않은 것이었지만 결국 창업과 저 자신의 성장으로 이어졌습니다. 그리고 지금은 국회의원이 되어 앞으로 국가를 브랜딩 해 보겠다는 야심찬 마음을 품고 준비를 하고 있습니다.

국민의힘과 보수 정치, 나아가 한국정치도 앞으로 10년, 20년 후 어떤 미래를 희망하는지, 지금 무엇을 해야 할지 고민하는 것이 필요합니다. 그리고 제가 먼저 국민의힘과 보수, 나아가 한국정치와 대한민국을 위한 긍정적인 브랜딩을 시작하고자 합니다. 그 과정에서 저, 허은아가 국민 여러분께 일하는 정치의 달콤한 뒷맛 여운을 드리는 에스프레소가 되겠습니다.

자주 함께하지 못해 미안함이 큰 사랑하는 딸 예진이와 예진아빠에게 고마움을 전합니다. 늘 불철주야 여념없는 의원회관 327호실 보좌진, 특히 졸저를 위해 맛깔나는 질문으로 함께해 주신 강희진 작가, 출간을 위해 날을 새며 애써주신 21세기북스 관계자 여러분께 감사드립니다.

차 례

프롤로그   죽는 날까지 하늘을 우러러 한 점 부끄럼이 없기를

Part 1   연극의 한 장면처럼

프롤로그

죽는 날까지 하늘을 우러러
한 점 부끄럼이 없기를

국회 본회의장에서
〈서시〉를 읽다

강희진 이미지는 정치학에서 가장 중요하게 다루어야 할 주제어가 되었습니다. '무엇이 일어나고 있는가'보다 '어떻게 보이는가'가 더 중요한 시대가 된 것 같습니다. 최근 한국 정치사에서 '이미지 정치'라는 용어가 많이 회자되고 있습니다. 이미지 정치의 순기능과 역기능이 있을 텐데 한국의 선거뿐만이 아니라 미국에서도 그 사례가 적지 않을 것입니다. 오늘은 국민의힘 허은아 의원님을 모시고 이미지적 관점으로 바라본 정치의 현주소를 살펴보도록 하겠습니다. 의원님, 반갑습니다.

허은아 안녕하십니까, 국민의힘 허은아입니다.

강희진 네, 반갑습니다. 의원님께서는 이미지 전략가로 잘 알려진 분입니다. 단순히 이미지 전략 전문가가 아니라 이미지를 통해 정치인의 미래를 예측한 것으로 유명합니다. 의원님께서는 세계 26개국에서 공식적으로 인정하는 이미지컨설팅 분야 최고 국제인증인 CIM(Certified Image Master)을 국내 최초이자 세계에서는 14번째로 취득했다는 말을 들었습니다. 의원님께 바로 여쭤보겠습니다. 이미지 정치가 왜 중요하죠?

허은아 이미지 정치가 왜 중요한지 극명하게 보여준 사례로는 1960년 미국 대통령 선거에 나온 케네디 후보와 닉슨 후보의 사상 첫 텔레비전 토론회가 대표적입니다. 젊고 건강한 이미지를 부각한 케네디는 차분한 논리를 앞세워 닉슨을 압도했던 것이죠. 결과는 우리가 충분히 알고 있고, 이미지가 정치에 미치는 영향이 어마어마하다는 사실을 인정해야만 할 것입니다.

강희진 아, 그렇군요. 지금부터 오랜 시간의 대담을 통해 그 내용이 책으로 만들어질 텐데 독자들께 어떤 내용을 전달하고 싶으신가요?

허은아   저를 정확히 표현하자면 여당 국회의원 이외에도 '이미지 전략가', 혹은 PI(President Identity) 전문가라고 보시면 될 것 같습니다. 이 책을 읽는 분들은 결국 허은아가 이미지로 정치와 세상을 변화시킬 야심에 찬 기획을 하고 있다는 것을 알게 될 겁니다. (웃음)

강희진   PI는 아직 낯선 개념입니다. 의원님의 얘기를 듣다 보면 자세한 내용을 알게 되겠죠. 지난해였습니다. 의원님께서는 2021년 3월 국회 본회의장에서 한복을 입고 윤동주 시인의 〈서시〉를 읽으며 소위 중국의 신동북공정에 대한 항의와 정부의 단호한 대응을 촉구하는 5분 발언으로 화제가 되었습니다. 당시 실시간 검색어가 허은아, 전통의상 한복, 신동북공정, 허은아 사이다 발언 등으로 요란했습니다.

허은아 그런 식으로 하지 않으면 문재인 정권의 부끄러운 중국몽을 깨어나게 할 수 없을 것 같았어요. 지금 한국은 황제에게 조공하고, 알현해야 하는 제후의 나라였던 조선이 아니란 말입니다. 문재인 정권은 한국이 선진국이라고 마케팅을 많이 했습니다. 저는 그것은 맞고, 잘한 일이라고 생각해요. 우리는 분명히 선진국이니까요. 그러나 선진국은 다른 나라에 알현할 필요가 없는 주체성을 가진 나라라는 뜻입니다. 그런 선진국에 맞게 행동해야죠. 아무도 말하지 않아 제가 나선 겁니다. 저는 중국에 대해 굴욕적인 외교를 바로잡아야 한다고 생각했고, 그것을 국민에게 알려야 할 책무가 있는 국회의원이었으니까요. 그것을 효과적으로 알릴 방법을 고민했어요.

강희진 약간 의도적인 측면도 있었군요.

허은아   맞아요. 죽비로라도 맞아야 문재인 정부가 정신을 차릴 거란 생각이 들었어요. 또 신문이나 방송이 보도해 줘야 문 정권이 부끄러움을 느낄 것이라 생각했죠. 국회의원들이 욕하는 것은 방송에서 잘 나오지만 국회의원이 남긴 좋은 말은 방송에서는 잘 나오지 않아요. 제가 백날 손가락으로 달을 가리키면 뭐 합니까? 먼저 달을 손가락질 하는 제 손가락에 사람들이 주목하게 해야죠. 메시지를 정확히 전달하려면 사람들이 메신저를 쳐다보도록 해야 합니다. 그것이 PI의 기본입니다. 또한 이미지컨설턴트가 스타일리시하게 메신저를 관리하는 이유가 메신저가 메시지이기 때문입니다.

강희진   이미지 전문가다운 말씀이군요. 국회 본회의장에 한복을 입고 나간 것 자체가 메시지란 말이네요.

허은아   그렇죠. 물론 구체적인 메시지는 제 입에서 나왔지만요. 그래야 언론에서 주목을 한다고 봤죠. 제가 아무리 홍보를 하고 블로그나 페이스북에 메시지를 올려봐야 천 명이고 이천 명이란 말이죠. 열심히 해야만 만 명인데, SNS는 어떨 땐 100만 명도 보더라고요. 젊은 친구들은 재밌게 짤도 만들고요. 그러면 그야말로 인구에 회자된단 말입니다. 제 입장에서는 국민에게 알려드려야죠. 허은아가 이런 일을 하고 있다는 것을요. 제가 알기로는 국회 본회의장에서 전통 한복을 입고 주권국가의 자존을 지키자고 발언한 의원은 제가 처음일 겁니다. 신문이 쓰고, 방송이 보도하게 하는 것도 국회의원에게는 능력입니다. 그것이 이미지 관리이기도 하고요. 그동안 보수는 그것을 효율적으로 못 했었어요.

강희진 의원님이 보수당에 자리 잡고 있어야 하는 이유라는 생각도 들어요.

허은아 그것보다는 계속해서 보수의 변화를 견인해야겠다는 생각이 강해요. 보수도 진화해야 하니까요.

강희진 그런 메신저의 의도는 정확히 전달된 겁니까?

허은아 만족할 정도는 아니지만 제 의도는 어느 정도 달성한 것 같아요. 진영을 떠나 주권국가로서 자존은 지켜야죠. 문재인 정권의 부끄러운 중국몽이 바로잡히진 않았다고 해도 최소한 당시 상황을 국민이 알아야 했으니까요. 그래야 문재인 정권이 자신의 행동을 부끄럽게 생각할 테니까요. 말하지 않으면 몰라요. 전문가나 관심 있는 사람들만 문제라고 생각하고 넘어가요.

강희진 그런 정치적인 문제 말고, 한복 그것도 전통 한복을 입고 본회의장에서 연설하는 광경이 처음이라 국민들이 신선하게 느꼈습니다. 한복 입은 의원님을 보고 '아참, 허은아는 이미지 전문가였지' 그렇게 말하는 사람들이 많아 전문가로서 존재감도 많이 높일 수 있었던 것 같습니다.

허은아 옷은 사람의 겉모습이란 말이죠. 표리일체라는 말도 있어요. 그 말 자체가 뭡니까? 겉과 속이 연동되어 있단 뜻입니다. 다시 말해 겉도 속을 규정한 말입니다. 남성들이 군복이나 민방위 옷을 입으면 행동이 달라집니다. 겉과 속은 서로를 규정합니다. 겉은 단순히 속의 표현으로 이해하면 곤란해요. 소설가 헤밍웨이가 나이가 들어 빨간 옷을 주로 입었다고 해요. 그것은 자신이 아직도 늙지 않아 글을 쓸 수 있는 열정이 남아 있는 작가라는 표현이고, 자신에 대한 다짐이었다고 분석할 수 있습니다. 고리타분한 사람일수록 밝고 환한 옷, 그야말로 스타일리시한 옷을 입어야 합니다. 그렇게 입고 다니다 보면 행동이 좀 바뀝니다. 유행을 따라가려고 하고, 젊고 활기차게 행동하게 됩니다. 실제로 그렇게 돼요. 그러면 생각도 바뀔 수 있는 겁니다. 생각이 바뀐다면 운명도 바뀔 수 있겠죠.

저는 이미지의 영향력을 믿기 때문에 그런 말들이 결코 황당한 표현이라고는 생각하지 않아요. 그리고 옷은 다른 사람에게 그 사람을 각인시키는 강한 인상, 이미지를 만드는 역할을 많이 하죠. 마크 저커버그는 두 가지 색깔의 윗도리만 입고 다니면서 나는 다른 일에는 아무런 관심이 없고, 오직 페이스북 경영에만 집중하고 있다는 자신의 아이덴티티를 보여주었습니다. 그것은 아주 개성적인 이미지의 연출입니다. 저커버그는 무의식적으로 그런 선택을 했을 겁니다. 좋은 이미지는 부지불식간에 드러나는 법이죠. 저커버그는 자신의 이미지로 페이스북의 기업 가치를 상승시키고 있습니다. 그와 극단에 있는 사람이 정의당의 류호정 의원입니다. 그가 본회의장에 입고 나타난 옷 때문에 정치에 관심 없는 사람도 류호정 의원을 알게 된 사례를 들 수 있습니다.

옷이 그렇게 중요합니다. 메라비언의 법칙도 인간의 시각적 요소인 이미지, 즉 태도에 반응한단 말이죠. 기본적으로 사람은 시각적인 존재입니다. 기어 다니는 동물은 시각보다 후각이 훨씬 발달해 있습니다. 코를 땅에 붙이고 살아가니 그럴 수밖에 없죠. 눈은 인간이 직립하면서 발달한 감각이에요. 시각은 진화의 산물이죠. 인간이 눈에 의존하고 이미지에 반응하는 것은 너무나 당연한 일입니다. 진화한 진취적인 인간, 젊은 사람일수록 이미지에 더 잘 반응하는 것은 그 때문입니다.

강희진 옷이 날개란 말도 있고, 그런 분석을 들어보니 깊은 뜻이 있었군요. 그리고 의원님은 옷차림 때문에 방송에서 눈에 띄는 게 사실이에요.

허은아 원래 제가 화려한 옷을 입는 사람은 아닙니다. 그럼에도 불구하고 국회 내에서는 세련된 사람이 되려고 노력해요. 이제 보수도 세련될 필요가 있습니다. 그렇게 해야 젊은 친구들과 함께할 수 있어요. 만일 제가 민주당 소속이었다면 좀 다른 방식으로 제 이미지를 표현했을지도 모릅니다. 제가 항상 말했던 것처럼 그 존재의 정체성에 따라 다른 이미지 전략과 디자인이 필요합니다. 저는 보수의 이미지에 맞게 저 자신만이 아니라 우리 당의 이미지도 바꾸려고 노력 중입니다.

강희진 의원실 벽이 다른 의원님과 다르게 디자인되어 있어요. 의원실에서 사용하는 종이컵도 다릅니다. 디자인이나 미술 전공자 같아요.

허은아 브랜드 개념을 내면화한 작업의 결과입니다. 하나의 상
징화라고 할 수 있습니다. PI도 브랜드에서 출발했습니
다. 다만 대상이 기업이나 제품이 아니라 사람이죠. 원래
는 영상도 틀어놨었는데 여당이 되고부터 치웠어요. 제가
미술이나 디자인 전공자는 아니지만, 이미지가 중요한 시

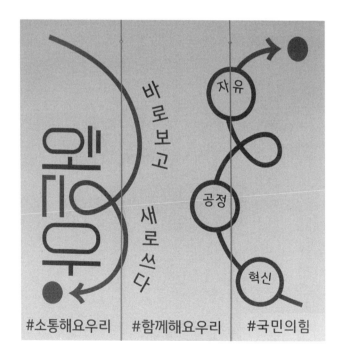

대가 왔어요. 이미지는 우리 시대의 정신, 즉 시대정신이라고 할 수 있습니다. 스티브 잡스가 스마트폰으로 그런 시대를 열었고, 한국 정치사를 살펴보면 박근혜 대통령이 '붉은색' 이미지를 채택함으로써 보수의 변화를 열었던 측면이 있습니다. 이미지 정치는 약도 되고 독도 될 수 있겠으나 선택에 따라 달라질 수 있으니 무턱대고 폄훼할 필요는 없다고 생각합니다.

강희진   저도 의원님 얘기를 듣다 보니 박근혜 전 대통령이 보수층에게 이미지 정치의 순기능과 역기능을 동시에 남겼다는 생각을 했어요.

허은아   제가 당시 한복을 입었던 것도 다른 무엇보다도 중국의 동북공정을 비판하는 자리였기 때문입니다. 당연히 전통 한복을 입을 수밖에 없었어요. 요즘은 개량 한복을 많이 입기는 하죠. 하지만 저는 전통 한복을 선택했어요. 그게 옳다고 판단했습니다. 원래 보수는 지킨다는 뜻이 강하죠.
물론 저는 전통을 악착같이 지키자는 주의는 아닙니다. 사실 보수는 옷도 정장을 고집해요. 중후한 느낌이 보수의 가치와 맞으니까요. 정장을 입더라도 뭔가 다른 포인트가 있어야 합니다. 그것은 생존을 위한 방법입니다. 그렇게 해야죠. 보수의 가치를 지키기 위해 창조적인 파괴를 해야 합니다. 진화하기 위해 몸부림을 쳐야 합니다. 그래야 진보를 이기는 역동적인 보수가 될 수 있고, 결국 보수의 가치도 지켜지는 것이니까요. 그리고 지켜야 할 보수의 가치는 고정불변한 것이 아니에요. 세상에 변하지 않는 가치가 어디 있겠어요?

부끄럽다,
문 정부 '중국몽'

강희진   분홍색 한복을 선택한 이유가 있었나요?

허은아   분홍색을 선택한 것도 역시 이미지 때문이었습니다. 인터
넷에 나와 있는 당시의 사진을 보면 알겠지만, 국회의장
이 앉아 있는 단상의 배경이 붉은색이에요. 만일 제가 당
의 색이라고 적색을 입었다면 어떻게 됐을까요? 배경에
사람이 묻혀 버렸겠죠. 말씀드린 것처럼 메신저가 곧 메
시지인데, 메신저가 묻히면 되겠어요?

강희진   치밀하시군요.

허은아   PI 전문가의 감각이죠. 솔직히 말하면 제 말처럼 복잡하게 생각하지 않고 모든 일을 감각적으로 결정한 겁니다. 물어보니까 그런 선택에는 그런 무의식적인 고려가 있었을 것이라고 말하는 겁니다. 저는 전략적 이미지에 관심이 많은 사람이라 저절로 나올 수밖에 없어요.

강희진   그런데 제한된 5분 연설 중에 〈서시〉를 낭독하셨습니다. 윤동주는 우리 전통에 닿아 있는 그런 시인은 아니란 말이죠.

허은아   맞아요. 〈서시〉의 내용만 놓고 보자면 민족혼이나 민족정신, 이런 것들을 말하기보다도 종교에 가까운 순결성을 노래했죠. 만일 제가 국회 본회의장에서 민족혼을 고양시키는 시를 읽었다면 흔히들 말하는 '국뽕'이 됐을 것입니다. 그러면 좀 의원들이나 사람들이 황당했을 것이고요. 과도한 국수주의는 위험하다고 생각해요. 우리가 중국과 뭐가 다르겠어요. 이미지 전문가는 자유와 민주주의를 다른 가치보다 숭배하는 사람들이에요. 이게 아주 중요한 지점입니다. 국뽕은 국수주의이고, 국수주의는 필요적으로 자유의 가치를 억압할 수밖에 없어요. 전체주의 사회에서 자유와 민주주의가 꽃핀 적이 있나요?

강희진 네, 무슨 말씀인지 알겠습니다. 당시 윤동주의 시집을 허공에 들어 보인 것도 전략이었나요?

허은아 자세히 보셨네요. 다분히 의도적인 몸짓이었어요. 메라비언의 법칙에서 제일 중요한 것은 시각적 요소인 이미지와 태도입니다. 시집을 들어 앞으로 읽을 시가 〈서시〉라는 사실을 알려야 했죠. 그리고 〈서시〉는 국민의 대부분이 학교에서 배웠던 시라 친숙했을 겁니다. 메라비언의 법칙에서 내용은 7%밖에 차지하지 않는다고 했는데, 제가 읽은 서시는 그 이상이었을 것이라고 생각해요. 그것은 사람들에게 낯선 내용이 아니란 말이죠. 사람들이 메시지에 빨리 반응하지 못하고 이미지와 반응하는 것은 메시지는 청각으로 머릿속에 전달되어 분석하는 과정이 필요하기 때문입니다. 하지만 그 메시지가 낯설지 않다면 어떨까요?

강희진 네, 알겠습니다. 메라비언 법칙의 전문가다운 발언입니다. 감각적 선택이었다고 해도 완벽한 연출이었네요. 아쉬운 점은 없었나요?

허은아 옥에 티라면 마스크였어요. 단상에서 발언을 할 때 마스크 때문에 목소리가 정확히 들리지 않을까 봐 걱정을 좀 했어요. 그렇다고 코로나 정국이라 마스크를 벗을 수도 없는 상황이었습니다.

강희진 연설 내용을 보면 중국이 이전 세대로부터 동북공정을 배웠다고 했어요. 그래서 신동북공정을 한다고 했어요. 어찌 보면 중국은 대를 이어 한반도를 자기 속국화하겠다는 욕망을 드러낸 것이라고 할 수 있겠는데요.

허은아 문재인 정권의 부끄러운 중국몽이라고 한 것은 제 입장에서는 국가의 미래, 젊은 세대에게 대한민국의 자존심을 찾아주자는 의도도 크게 작용했습니다. 그런 측면에서 윤동주가 격에 맞는 작품이기도 합니다. 〈서시〉는 국수주의적인 성향을 지닌 작품이 아니라 인류 보편의 가치를 주장하는 시란 말이죠. 더구나 중국은 윤동주를 자기네 사람이라고 말하고, 우리 연예인들 누구누구가 중국 사람이란 황당한 얘기를 합니다. 김치는 자기네 음식이라고 하질 않나. 기성세대는 한국이 위대한 나라라고 학교에서 배웠지만 요즘 아이들은 몸으로 느낀단 말입니다.
예를 들어 우리 아이들은 이제 일본에 대해서도 전혀 열등감이 없어요. 케이팝이나 케이드라마, 한국 출신의 세계적인 클래식 연주자들, 세계인들이 즐겨 먹기 시작한 한국 음식들. 이런 것들 때문에 우리 아이들은 한국을 일본보다 훨씬 근사한 나라로 믿고 있어요. 그것은 또한 사실이고요. 현해탄 콤플렉스라는 말을 우리 아이들은 몰라요. 그것은 얼마나 다행입니까? 중국은 우리 문화나 음식도 **빼앗고** 있잖아요. 그런 중국이 우리 아이들의 자존을 뭉개는 일을 하는 겁니다. 그런데 중국에 저자세로 나서면 되겠습니까? 국가 브랜드 관리 차원에서라도 우리가 할 말은 제대로 해야 합니다. 저는 또한 최종적으로 국가를 브랜딩하는 것과 관련된 일을 하고 싶어요.

강희진 말씀을 들어보니 국정연설에서 〈서시〉를 선택한 이유가 앞에서 말한 것처럼 단순하진 않을 것 같네요. 윤동주 시인이 의원님께 특별한 존재인가요?

허은아 특별하다기보다 저는 쉽게 접근한 겁니다. 〈서시〉는 깊은 의미를 가진 작품이지만 누구나 쉽게 다가갈 수 있는 시입니다. 우선의 느낌이 중요하거든요. 그게 이미지적 관점이에요. 좀 전에 말한 것처럼 〈서시〉는 그런 측면에서 메시지가 아니라 이미지적인 요소가 있어요. 왜냐면, 학교에서 배워 모르는 사람이 없을 테니까요. 한국인들은

〈서시〉에 즉각적으로 반응한단 뜻이에요. 그래서 부담 없이 선택한 것이죠. 또 우리에게 정말 많은 걸 느끼게 하죠. 죽는 날까지 한 점 부끄러움이 없이 살기 힘들겠지만 그렇게 노력하면서 살아야죠.

또한 개인적으로 윤동주 시인을 깊이 존경하고 있기도 했고 중국과의 관계를 놓고 보자면 당연히 윤동주를 선택할 수밖에 없었죠. 윤동주 하면 연변, 용정이 연상되잖아요. 동북공정과 신동북공정에 대항의 의미로 윤동주만큼 적합한 인물은 없을 겁니다.

강희진 국가보훈처장이 윤동주에게 국적을 부여한다는 뉴스가 나왔습니다. 그동안 가족관계부, 호적이 없었다고 하더군요. 시인의 출생지가 용정이고 묘지도 용정에 있어요.

허은아 중국 포털 사이트에 윤동주 시인은 중국 국적의 조선족으로 되어 있어요. 이것이 현실입니다. 그런데 인간에게 태어난 고향이 어떤 의미가 있을지 생각해 보게 됩니다. 윤동주가 용정에서 태어났다고 중국 사람인가요? 그의 시에는 식민지 지식인의 자의식이 덕지덕지 묻어 있어요. 그의 의식 어디에서도 중국인으로서의 정체성을 발견할 수 없습니다. 그런 윤동주 시인의 고향이 용정이라고 해서, 중국인이라고 말하는 것은 우스운 일입니다.

강희진　그러면 중국 땅에 있는 윤동주의 유해 봉환 운동을 벌여
야 한다고 생각하십니까?

허은아　그것은 좀 다른 차원의 얘기입니다. 당장 중국과 마찰이
일어날 수 있어요. 그런 문제는 먼저 외교적으로 풀어야
죠. 우리 감정으로 할 수 있는 일이 아닙니다. 중국과 마
찰을 일으키는 것이 과연 국익에 도움이 되는지도 신중
히 생각해야 합니다. 제가 때린 것은 중국이 아니라 문재
인 정권입니다. 그래서 연설 마지막에 "문 정부 '중국몽'
부끄럽다."라고 한 겁니다. 사실 중국은 경제적으로 우리
에게 도움을 많이 주는 교역국입니다. 미국보다 중국에서
우리가 더 많은 경제적인 이익을 취하고 있단 말입니다.
사드 배치 당시에도 정치적으로 보수적 견해를 가진 대기
업들이 우려를 표명했다고 들었습니다. 그렇다고 해도 사
드를 배치한 것처럼 결국 결정은 우리가 해야죠.
저는 우리가 주변국과 문제가 있으면 외교적으로 풀고 가
능한 한 서로 사이좋게 지내야 한다고 생각합니다. 그런데
우리가 중국에서 경제적인 이득을 얻는 조건으로 우리의
주체성을 훼손하는 일은 있어서는 안된다고 생각합니다.

미니 인터뷰 1

01 **좋아하는 시인은?**
윤동주

02 **즐겨 외우는 김소월의 시 한 편?**
〈엄마야 누나야〉

03 **감명 깊었던 소설은?**
프랑스의 천재 작가 베르나르
베르베르의 「개미」

04 **취미 세 가지.**
여행, 주변 정리, 영화 보기(남편은
일만 한다고 취미가 일 같다고 함.)

05 **흥얼거리는 노래는?**
〈혼자가 아닌 나〉, 〈걱정말아요, 그대〉

06 **혼자만 아는 버릇.**
멍때리기

07 **다시 가 보고 싶은 해외 도시와 그
이유는?**
영국의 런던. 고 엘리자베스 여왕을
추모하고 싶다.

08 **인상 깊었던 한국 영화, 외국 영화는?**
〈암살〉, 〈라라랜드〉

09 **자신의 성격을 한 줄로.**
긍정적이고 고지식하고 예측이 안
되지만 의리를 중요하게 생각함.

10 **최근에 읽은 책과 느낌은?**
「세상을 어떻게 이해할 것인가」(니체
인생론 에세이), 인생에서 무엇보다
자신의 철학 그리고 인사이트가
중요하다.

11 **다음 생에 태어나고 싶은 곳?**
캐나다? 대한민국

12 **다음 생이 있다면 하고 싶은 일.**
예술가의 길

13 **가사 외워서 끝까지 부르는 외국
노래는?**
카펜터즈의 〈Yesterday Once more〉

14 **좋아하는 색은?**
보라색, 빨간색, 남색

15 **즐겨듣는 고전음악은?**
클래식. 무작위로 듣는다.

16 **자신의 단점을 가장 잘 아는 사람은?**
남편.

17 **언제나 가슴에 품고 있는 이름은?**
김예진(사랑스러운 나의 딸).

18 **사람을 만났을 때 가장 먼저 보는
곳은?**
태도.

Part 1

연극의
한 장면처럼

국회의원이 됐지만,
여전히 을의 신세

강희진   의원님은 스스로 항상 '국회을원'이라고 주장합니다. 지금은 사실 슈퍼 갑이 된 상태라고 봐야 할 것 같은데요. 그럼에도 '을'의 정체성을 주장하십니다. 특별한 이유라도 있습니까?

허은아   저는 국회의원이 됐지만, 여전히 을의 정체성을 가진 사람입니다. 슈퍼 갑, 혹시 그런 의원님이 있는지 모르겠으나 저와는 상관없는 얘기입니다. 저는 어려운 환경에서 역경을 겪고 오늘 이 자리까지 올라왔고, 그래서 지금도 '을'의 입장에 처해 있는 청년, 약자를 위한 정치가 어떤 것일까를 늘 생각하는 '을'인 국회의원이라고 생각해요.

강희진 혹시 비례에 초선이라 그런 것은 아닐까요?

허은아 그런 점도 있을 것 같고, 제가 평생을 을의 자세로 살아왔기 때문일 겁니다. 저는 항상 마음이 중요하다고 믿는 사람인데, 갑의 정체성은 저와 맞지 않은 것 같아요. 혹시 그것을 열등감이라고 해도 좋아요. 저는 그런 열등감을 갖고 의원 생활도 하고 남은 삶도 살아갈 생각입니다.

강희진 더욱 의원님의 어린 시절이 궁금하네요. 어디서 태어났고, 부모님은 무슨 일을 하셨습니까.

허은아 저는 서울시 노원구 상계동에서 태어났어요. 아버지는 충청북도 단양 출신으로 대학에서 유도(柔道)를 전공한 장사라 고향에서 모르는 사람이 없었다고 합니다. 당신은 힘만 장사가 아니라 무슨 일을 하든지 억척스럽게 진행해 뭐든지 결판을 보는 스타일이었죠. 아버지는 서울에서 과일 행상을 시작했어요. 노점을 하다가 장사를 잘하셔서 과일 가게를 열었어요. 저는 과일 가게에 딸린 방에서 살았고요. 그러니까 어릴 적부터 과일을 실컷 먹었죠. 그리고 제가 듣기론 인터넷이 등장하여 정보 공유가 완전히 되기 전까지 과일 장사가 괜찮았다고 하더라고요. 아버지는 열심히 과일을 팔아 돈을 모아 도매상을 열었어요. 그러니까 '가난한 노동자의 딸'과 같은 그런 극적인 스토리는 없었죠. 어머니는 평생 주부로 사셨고, 스물에 저를 낳았어요.

강희진   의원님의 형제는 어떻게 되시나요? 혼자신가요?

허은아   아니요. 제 밑에 한 살 터울 남동생이 있습니다. 저희 가족은 충청도가 고향이라 집안 자체가 무척 보수적이었어요. 시골에 가면 동생과 한 상에서 밥을 먹지 못할 정도였다니까요. 남동생은 방에서 밥을 먹는데, 저는 부엌이나 바닥에서 밥을 먹는다고 생각해 봐요. 노는 곳도 달랐습니다. 동생은 동네에 나가서 마음껏 놀 수 있었지만 전 여자니까 집 안에만 머물렀어야 했고요. 어느 날 제가 시골에 가기 싫다고 하자 아버지는 그다음부터 시골에 데려가지 않으시더라고요. 외할아버지댁에 저를 맡기셨지만요. 그래서 시골 분위기는 잘 몰라요. 시골에서는 할아버지가 일찍 돌아가셨고, 할머니는 한 번도 저를 안아주거나 아는 척을 해 주신 적이 없어요.

강희진   딸에 대한 편견이었을까요? 좀 황당한 얘기네요?

허은아 1970년대 지방의 농촌에서 흔히 볼 수 있던 장면이 아닐까요? 아버지도 그런 환경에서 살았으니 당연히 보수적일 수밖에 없었죠. 딸을 사랑하는 어질고 인자한 분이었지만 기본적으로 가부장적인 권위주의가 내면화되어 있었어요. 우리 집에 드리워진 그런 가부장적 문화 때문에 제가 가진 을의 정체성이 강화됐을 수도 있을 것 같아요.

강희진 원래 그런 생각을 많이 했나요?

허은아 지금 과거를 돌이켜 보니 그런 생각이 들었다고나 할까요? 좀 정리가 됐다고 할 수 있죠.

강희진 그럴듯하게 들리네요.

허은아 그렇다면 다행이네요. 가정에서는 제가 장녀이기 때문에 늘 동생을 돌봐야 했었죠. 그냥 케어로 끝나는 게 아니에요. 누나니까, 모범이 되기 위해 노력해야 했고, 혼날 때도 제가 한 대라도 더 맞았어요. 동네북이란 말이 있는데, 저는 약간 가족 북이었던 셈이죠. 당시 초등학교에 다닌 여자애들은 저랑 별반 다르지 않았을 것 같아요. 저는 저희 세대가 아래 세대보다 힘 있게 남성 중심의 가부장제와 싸우지 못한 것도 이처럼 환경이 달라서였기 때문이라고 봐요. 아버지는 장사를 하시니까 가족과 함께 있는 경우가 드물었어요. 과일 장사가 잘되어 아버지는 용산에서 도매상을 시작했어요. 수완이 좋아 돈을 많이 벌었던 것 같아요. 그곳이 지금은 전자상가지만 그때는 과일을 새벽까지 파는 도매상이 많았어요. 그곳에서 장사하다 보니 늘 아버지는 오후에 나가 아침에 들어와 식사하고 주무셨죠. 친구들은 저녁에 가족이 모여 밥을 먹었는데, 저희는 아침에 가족 밥상이 차려졌어요. 그러니까, 아버지와 말할 기회가 거의 없었죠. 초등학교 시절, 제가 일찍 집에 오면 아버지는 주무시고 계셨죠. 소통이 원만하지 못할 수밖에 없는 상황이었죠. 하지만 당신이 딸을 한 번씩 내려다보는 그윽한 눈빛을 통해 당신의 사랑을 느낄 수 있었습니다. 아버지도 딸을 사랑했지만, 가부장적인 문화에서 성장해 표현에는 아주 서투르셨지만요.

어쩌다
MBC 어린이 합창단

강희진　초등학교 시절, 특별히 기억나는 일이 있나요?

허은아　신대방동에 있는 문창초등학교를 다녔는데, 공부를 잘해
반장도 했어요. 지금 기억나는 에피소드는 짝이 글을 잘
못 읽으면 제가 혼이 났어요. 제가 친구를 못 가르쳐 그랬
다고요. 그 무렵 아버지가 돈을 잘 벌어 집을 샀어요. 그
런데 돈이 모자랐는지 집을 세주고 제가 초등학교 4학년
때까지 계속 식구들이 모두 방 하나에서 살았다고 해요.
사실 저는 우리 집이 부자인 줄로만 알았어요. 그러니까
제가 을이라고 한 것은 계급적인 의미는 아니에요.

강희진 그렇군요. 대한민국의 많은 여성이 가부장적 문화로 인해 생긴 심리적 피해의식 혹은 열등의식이 많이 자리하고 있죠. 그런 영향도 있었을 것 같습니다.

허은아 하지만 대한민국의 여성들이 기본적으로 약자이기 때문에, 그런 의식은 분명히 존재한다고 생각해요. 다만 그것이 좌파에서 말하는 갑과 맞서는 공격적인 용어로 이해하는 것은 곤란합니다. 초등학교 시절 옆집에서 피아노 소리가 들렸어요. 그래서 저도 엄마를 졸라 피아노 학원에 다녔어요. 학원에서 노래를 가르쳐 주셨고요. 그런데 어느 날 학교가 끝나고 막 집에 오는데, 친한 아이들이 몰려서 어딜 가더라고요. 제가 어딜 가냐고 물었더니 MBC 어린이 합창단 시험 보러 간다면서 함께 가자는 거예요. 그렇게 우연히 MBC 어린이 합창단 단원이 됐어요.

그런데 가만히 보니 함께 합창단 활동을 하던 아이들이 다 잘사는 집 애들인 겁니다. 그때부터 우리 집이 잘사는 집이 아니란 사실을 알게 됐어요. 뭐라고 말해야 할까요? 저는 머리묶는 고무줄이면 죄다 까만색인 줄로 알았어요. 그런데 옷처럼 울긋불긋한 다양한 고무줄이 있단 것을 알았죠. 그것도 모르고 학교 친구들은 제가 무슨 대단한 배경이 있어 방송국의 합창단이 된 줄 알았어요. 당시 홍성이라는 여성분이 피디였는데, 제게 무척 잘해 주었어요. 돌이켜보면 제가 다른 친구처럼 매일 엄마와 함께 오질 않고 혼자 다녀서 그랬던 것 같아요. 제가 MBC 어린이 합창단을 몇 년 동안 했는데, 엄마는 한 번도 오지 않았거 든요.

강희진 마음에 상처 같은 것이 있었겠군요.

허은아 그것보다는 제가 갑이 아니란 것을 알게 되었어요. 을에 대한 각성이 생겼다는 것은 좀 과장된 말이고요.

강희진 한국 사회에서 고등학교 생활은 매우 중요하다는 생각이 듭니다. 인격이나 세계관이 그때 만들어진다는 측면에서 도 중요하지만 이후 인생의 방향이 고등학교 때 반 이상 결정된다는 측면에서도 그래요. 의원님처럼 우리 사회의 중추가 된 분들은 대부분 고등학교 때 4년제 대학을 갈 생각을 했고, 그렇게 갔잖습니까.

허은아 제 주변 분들은 다 그렇죠. 하지만 저는 전혀 다른 길을 선택했어요.

강희진 한마디로 출발점이 달랐습니다. 의원님의 경우에는 승무원이 될 수 있는 전문 직업학교라고 할 수 있는 인하공업전문대학에 입학했어요. 그럴 만한 사정이 있었던 것인가요?

허은아 중학교 2학년 때, 저희 가족은 강남구 신사동으로 이사를 했어요. 아버지가 돈을 많이 벌었다는 생각이 드는데, 사실은 당시 아버지가 사기를 당했고 사기꾼이 신사동 아파트만 남기고 도망을 갔다고 해요. 가장이 사기를 당했으니 당연히 집안 형편이 좋지 않았죠. 그런데 동생은 강남으로 전학을 갔어요. 저는 공부를 잘하는 편이라 선생님들께서 전학을 반대해 그 학교를 계속 다니라고 했어요. 저는 강남에서 강북으로 버스를 타고 통학했었죠. 제가 나이가 들고 하니까 아버지가 과일 장사를 하지 않겠다고 했어요. 딸이 결혼할 때 과일 장사꾼의 모습을 보이고 싶지 않다고 말하면서요. 다른 사람들 보기에 좋지 않다고요. 당시 아버지는 업종을 변경하려고 시도한 것으로 보이는데, 전자제품 대리점을 하려다가 사기를 당하고, 나중에는 포클레인 운전기사로 직업을 바꾸기도 하셨어요. 친구에게 사기를 당한 후유증 때문인지 계속 사업이 잘되지 않았어요.

지금 생각하면 아버지가 과일 도매업을 계속했으면 좋았 겠다는 생각을 합니다. 왜냐면 그 사업은 당신이 계속해 왔던 일이라 잘 알았을 것이고, 그러니 리스크도 적었을 겁니다. 어린 나이에 그런 자각은 했는데, 당시에는 아버 지에게 그 말을 드리지 못했어요. 또 제가 모르는 다른 사 정이 있었을 수도 있고요. 나중에 아버지는 암까지 걸리 셨어요. 저는 몰랐지만 여러 가지로 스트레스가 엄청나셨 던 것 같아요. 원래 운동을 좋아하시고 쾌활하고 수완이 좋은 분이었지만 친구에게 배신당했다는 사실이 큰 상처 가 되었던 것 같아요. 다시 일어서지 못한 것은 그런 마음 의 상처 때문이 아니셨을지.

당시 당신이 처했을 상황을 생각하면 자식으로서 지금도 눈물이 납니다.

운명을 바꾼
담임선생님의 안목

강희진 프로필을 살펴보니 무학여고를 졸업하신 것으로 되어 있
어요.

허은아 그때도 강남은 교육 일번지라 분위기가 좀 달랐는데 제
가 다닌 무학여고는 왕십리에 있었지만 강남에 사는 아
이들이 아주 많았어요. 당. 제 동생은 중학교 입학을 1등
으로 했는데도 강남에서 힘들어했어요. 아무튼 아버지가
사업 실패로 집안사정도 좋지 않았고요. 제가 신림동에
서 살 때는 공부를 잘했던 우등생 그룹에 속했어요. 고등
학교에 입학하고는 상황이 좀 달라졌죠. 또 집안 형편 때
문에 친구들처럼 과외나 학원에 다니지도 못했어요. 저는

정말 학원이 존재하는지도 몰랐어요. 공부 좀 하는 친구들은 과외를 엄청나게 했는데 저는 나중에 학원도 딱 한 번 가봤어요. 교회 친구들 따라갔는데, 엄청 학생들이 많고 정신이 없더군요. 이런 데서 어떻게 공부를 할까. 차라리 혼자 하는 것이 좋겠다고 생각했어요. 그런 말 있잖아요. '교과서만 보고 학교 수업만 충실히 공부했다.' 우리 당의 출신 원희룡 국토부 장관이 학력고사 수석하고 했던 말이죠. 제가 그랬어요. 실은 형편이 되지 않아 그럴 수밖에 없었지만요.

강희진 그 시절 학원조차 다니지 않고 공부를 하긴 쉽지 않았을 텐데요.

허은아 하지만 공부는 그런대로 잘했어요. 그 때문에 제 눈은 아주 높은 상태였어요. 좋은 대학을 갈 수 있을 것으로 믿었어요. 그런데 고3 때 성적이 생각보다 많이 떨어졌어요. 더구나 학력고사 성적이 제 실력보다 훨씬 더 못 나왔어요. 그래도 제가 원래 계획했던 대학에 원서를 넣었는데 전기, 후기 결과가 좋지 않았죠. 절망적인 상태였어요. 재수를 해 보겠다는 얘기는 집에서 꺼낼 수도 없었고요. 한 살 터울인 남동생이 있었다고 했잖아요.

강희진   아, 동생 때문에 부담이 있었겠군요.

허은아   그때 담임선생님이 저를 부르시더니 조용히 말씀하셨어요. "은아야, 너 혹시 스튜어디스라는 직업을 아니?" 솔직히 그때까지 그런 직업이 있는 줄도 잘 몰랐죠. 물론 이름은 들어봤지만요. "내가 너를 1년 동안 지켜봤는데, 너는 똑똑하고 외모도 괜찮고 그 직업이 네게 맞을 것 같다. 외국에도 자주 다니고, 그 일을 하다가 다른 길이 열릴 수도 있어." 그러면서 인하공업전문대학 항공운항과라는 학교를 소개해 주었어요. 그래서 시험을 보게 됐죠. 하여간 재수를 할 수도 없는 상황이었고요. 그런데 경쟁률이 엄청 났죠. 무려 100대 1이 넘었어요. 저는 그런 경쟁을 뚫고 차석으로 합격했어요.

강희진   2등으로 입학해 만족하고 다녔나요? 이런 경우 보통 적응이 잘되지 않아 다시 대학을 가던지 그러기가 쉬운데요.

허은아   저는 만족하고 다녔어요. 원래 저는 상황이 주어지면 그것에 만족하고 그것에서 의미를 찾고 앞날을 설계하는 스타일이죠. 좋은 말로 하면 낙천적이라고 할까, 한곳에서 열심히 살면 항상 새로운 길은 열린다, 뭐 그런 주의였죠.

나쁘게 말하면 현실 순응적인 인간이라고 말 할 수 있겠지만 저는 저처럼 자기 자리에 충실한 사람들이 이 세상을 움직인다고 믿고 있어요. 지금은 그런 생각이 훨씬 강화되었고요. 세상은 갑이 아니라 자리를 묵묵히 지키면서 자기 일을 하는 사람들이 만들죠. 그런데 막상 대학에 입학하니 또 다른 문제가 생겼어요.

강희진 아무런 문제가 없을 것 같은데요. 결국 대학에 2등으로 합격했고, 본인은 그 대학에 만족한다고 했잖습니까.

허은아 누가 아니랍니까. 그런데 얼굴에 화장하고, 치마를 입고 다니는 꼴을 아버지가 용인하지 않았어요. 학교에 다니면서 오후 7시 이전에 귀가해야 했어요. 늦으면 집에 못 들어갔고요.

강희진 완전 조선 시대처럼 사셨군요.

허은아 지금은 좋게 생각하고 있죠. 딸을 너무 아끼다 보니까, 세상에 아주 나쁜 사람이 많은 것은 사실이니까요. (웃음) 저는 학교를 열심히 다녔고, 승무원이란 직업이 훌륭하다고 생각했는데, 주변 환경 때문에 힘들었어요. 저는 전문대학을 다닌다고 열등감 같은 것은 사실 없었거든요. 다만 당시 제가 다닌 대학이 실무 중심의 직업학교라 공부를 해 보고 싶은 생각은 있었어요. 하지만 저는 나중에 방송통신대학에라도 가면 된다고 생각했어요.

강희진   주변에서 뭐라고 한 모양이군요.

허은아   왜냐하면 제가 공부를 웬만큼 했던 상황이라 전문대학에 다닌다는 입방아가 심했어요. 그 때문에 고민을 한 적이 있었어요. 다시 공부하면 친구들처럼 괜찮은 대학을 다시 갈 수 있다는 생각도 들었고요. 하지만 저는 시작한 일은 마무리한 다음에 새 일을 모색하는 스타일이거든요. 제 삶이 늘 그랬던 것 같아요. 뭐든지 중간에 포기하는 게 아니라 시작한 것은 끝을 본다는 주의죠. 아무튼 학교를 졸업하고 다시 엄청난 경쟁을 뚫고 대한항공에 입사했어요. 제가 다녔던 학교를 졸업한다고 대한항공에 무조건 들어가는 것이 아니었거든요. 반 정도만 그곳에 입사할 수 있었어요.

강희진   의원님은 자기 직업에 대한 프라이드가 대단히 높은 것 같아요.

허은아 저는 승무원에 대해 자랑스럽게 생각하고 있어요. 대학도 대한항공에도 어렵게 들어갔죠. 그래서 저는 어른들이 청소년에게 해야 할 일은 직업에 관한 정보를 충분히 제공하는 것이 아주 중요하다고 생각해요. 요즘은 인터넷이 있어 청소년들이 알아서 잘할 것이란 생각은 정말 오판이에요.

강희진 그렇죠. 직업은 인터넷으로 검색한 정보만으로 정확히 알 수 없지요. 어떤 직업은 그 일에 종사하는 사람의 진술이 아니면 모르는 경우가 많아요. 그 직업에 대한 수입도 마찬가지고요. 어떤 직업의 경우 단순히 월급만으로 알 수 있는 게 아니더라고요.

허은아 그럼요. 특히 청소년들은 자기 능력을 알기가 쉽지 않아요. 특출한 재능이나 탁월한 학업 실력이 있는 경우가 아니라면 말이죠. 그들은 남들이 챙겨주지 않아도 알아서 잘하죠. 문제는 재능이 없어 보이는 평범한 친구들이죠. 그들도 다 숨은 재능을 갖고 있거든요. 저를 보면 알 수 있죠. 그런 친구들에게 먼저 경험한 선배들이 '이걸 한번 해 보면 어떨까', 그런 제안을 하고 기회를 줘야 해요. 저는 학교 담임선생님이 제 인생의 멘토가 되어 주셨어요.

정말로 운 좋게 사다리를 타고 여기까지 올라왔죠. 저도 청소년들에게 괜찮은 사다리를 만들어주고 싶어요. 그것을 운이 좋은 특정인에게 주는 것이 아니라 시스템을 구축해 원하는 친구들이 혜택을 전부 받을 수 있도록 말이죠. 제 소원이 그것입니다.

강희진 인생의 멘토 시스템 구축, 그런 일을 하겠다는 것이군요. 좋은 말씀입니다. 그런 생각을 하신 것은 승무원이라는 직업을 갖게 된 계기가 담임선생님의 조언이었고, 청소년들에게 때로는 구체적인 제안과 조언이 결정적인 힘을 발휘한다는 말씀인 것 같습니다.

허은아 맞아요. 고3 담임선생님께서는 저에게 구체적으로 제안하고 인도해 주신 셈이죠. 당시에 제가 승무원이 되지 않았다면 무슨 일을 했을까? 상상이 잘 되지 않아요.

체험으로 얻은 철학,
승무원

강희진   의원님께서는 다른 학교나 다른 일을 선택했다면 더 잘
됐을 수도 있지 않았을까요? 세상의 모든 직업에 대한 선
택은 거의 우연이라는 말이 있거든요.

허은아   모르겠어요. 그럴 수도 있었겠죠. 하지만 저는 제 인생에
서 승무원을 지운다는 것은 상상이 되지 않아요. 당연히
승무원이라는 직업을 자랑스럽게 생각했어요. 부모님은
저를 바르게 키우는 역할을 해 주셨지만 사실 또 다른 걸
주지는 못하셨잖아요. 그런데 저는 승무원을 통해 힘차게
세상을 향해 날아오를 수 있었어요. 저는 을이었어요. 학
력고사를 망쳤죠. 돈도 연줄도 없었습니다. 그런데 선생

님의 소개로 선택한 승무원이란 직업 때문에 더 넓은 세상을 체험할 수 있었어요. 그리고 제 나름의 세계관을 형성할 수 있었어요. 당시 제가 재수를 해서 운 좋게 명문대를 입학했다고 해도 제 앞에 이런 세상이 펼쳐지지는 않았을 것 같아요.

강희진   그렇게 생각한 특별한 이유라도 있나요?

허은아   승무원은 무척 피곤한 직업이고, 기본적으로 몸을 쓰는 일을 합니다. 나중에 대학에서 철학을 공부하면서 확실히 깨달았는데, 인간의 생각, 사유는 기본적으로 몸으로 하는 거예요. 인의예지(仁義禮智)나 노장사상의 도(道)가 머리로 만든 철학이 아니라 몸의 체험으로 얻은 철학이라고 저는 생각해요.

강희진   그런 사유까지 도달한 것은 승무원을 하면서 몸을 극한까지 사용해 봤기 때문이라고 봐야겠네요.

허은아   그 말씀은 좀 거창한 것 같습니다.

강희진   이후에는 대학에 들어가 공부를 하셨죠?

허은아 어쨌든 제가 승무원으로 지내다가 일이나 직업에 대한 회의가 들어 대학으로 간 게 아니에요. 몸이 심하게 망가져 자신을 다시 추스를 필요가 있다고 생각했고 공부를 그것도 철학을 공부했어요.

강희진 승무원이 힘든 일이라고 하지만 예나 지금이나 인기 있는 직업입니다. 의원님이 승무원이 되기 전부터 그런 것으로 알고 있어요.

허은아 처음 대한항공에 입사하면서 3개월 동안 훈련을 받았습니다. 근데 돈을 주더라고요. 그게 좀 이상했어요. 제가 잘못 생각한 것인지 모르겠지만요. 교육을 받으면 돈을 내야 하는 게 아닌가? 하여간 일을 하게 되었고, 외국에 다녀올 수도 있었죠. 국제선을 타고 외국에 가면 제가 상상하지 못했던 세상을 보는 거잖아요. 그런데 또 월급을 주니까 얼마나 고마웠겠어요.

강희진 당연한데, 매사 감사하는 마음을 가지셨군요.

허은아 저는 좀 그런 편이기는 해요. 사실 항공사 승무원이라는 직업도 중노동 맞아요. 하지만 어떤 자세로 일하느냐가 매우 중요한 것 같아요. 만일 자신이 하는 일이 3D 업종이라고 생각하면 일을 하고 싶겠어요? 자기 일에 대한 자존감이 생기겠어요? 국제선을 탈 때는 시차 때문에 힘들어요. 하지만 저는 일을 하는 동안 행복하고 재밌었어요. 그런 자세로 임하다 보니까 남는 시간을 활용할 여유도 생기더라고요. 그래서 방송대를 다녔어요. 뭔가 정신적으로 부족하단 생각이 들었거든요. 그리고 여유가 생기면 열심히 공부해야겠다고 마음먹었죠.

강희진 승무원으로서 가장 힘든 게 무엇이었습니까?

허은아 비행기를 타면 구토를 하는 사람들이 있어요. 승무원이라고 저희를 고상하게 보지만 그것을 저희가 다 치워야 해요. 지저분해진 화장실도 저희가 직접 치워야 합니다. 무거운 짐을 위에 올리거나 내려야 하고, 무엇보다 진상 손님들을 응대하면서도 항상 웃어야 한단 말이죠. 그것은 노동의 영역이지만 비행기 안은 작은 사회이고 조직이다 보니까 정치가 있어요. 정치 없는 사회가 어디 있겠습니까? 그런 것을 승무원 막내들은 잘 몰라서 따돌림당하기도 하고 그러죠. 저희 때는 짓궂은 장난을 하는 사무장도 있었어요. 근데 그 앞에서 대놓고 말 못 하잖아요. 그러면 그냥 밖으로 나와 고객들하고 대화도 하죠. 당시 기내에서 고객들에게 담요를 덮어주는 CF가 있었는데, 그런 식으로 고객을 도와드리는 게 유행이었어요. 그러고 나면 내릴 때 고마워하는 고객이 많았어요.

강희진   가끔 뉴스에는 무례한 고객들이 등장하잖습니까? 그런 경험도 있었을 것 같은데요.

허은아   당연히 있죠. 떠오르는 일이 있어요. 저는 비즈니스석이나 퍼스트클래스에서 주로 일을 했습니다. 한번은 어떤 승객이 경계를 넘어와 계속해서 제가 근무하는 비즈니스 클래스 쪽으로 와서 잡지를 보는 거예요. 그래서 제가 정중하게 가서 말씀을 드렸어요. "저, 고객님 죄송합니다만 여기는 비즈니스석이기 때문에 돌아가셔야 합니다."

강희진   일등석인 퍼스트 클래스에 탄 승객이었어요?

허은아   네. 그런데 저를 이상한 표정으로 보더라고요. 나 저기서 왔는데, 그러는 거예요. 자신은 상류층에서 왔으니 경계를 오갈 수 있다고 생각한 것 같아요. 제가 그곳에도 잡지가 준비돼 있다고 말을 했죠. 여기는 비즈니스 클래스이고 우리 존이라고 말한 것이죠. 그랬더니 그 손님은 되게 어이없다는 표정을 지으니까 제가 뭘 잘못했나 생각했어요. 그래도 뭐 할 얘기는 해야겠더라고요. 그러자 그 사람이 사무장한테 얘기해서 비즈니스 클래스에 앉아서 저한테 서비스를 받고 싶다고 했어요.

강희진   어처구니가 없었겠군요.

허은아   저는 안 된다고 했죠. 그러자 사무장이 "저 사람이 누군줄 알고 그러느냐"라 하기도 하고, 승무원들이 더 난리였죠. 사실 일등석은 아무나 탈 수 없거든요. 결국 그 사람이 저한테 명함을 주고 되게 고맙다고 하고 밖으로 나갔어요. 그때 느낀 점이 있다면 '제 역할을 제대로 하면 결국 인정받는 거구나', 그런 생각을 하게 됐죠. 그 명함은 버렸지만요. 그런 사람도 있었지만 남을 먼저 생각하는 사람도 있었어요. 그런 고객을 만나면 그날은 기분이 정말 좋죠. 앞에서 말한 것처럼 진상 고객을 만나면 그날 기분은 엉망이 됩니다. 또 승무원 사이에도 자격증에 따라서 서열 비슷한 것이 있어요. 그것도 피곤한 일이죠. 그러니까 승무원들이 얼마나 힘들겠어요.

강희진　승무원에도 서열이 있군요?

허은아　고객들이 보기엔 승무원들이 다 같아 보이지만 직급이 여러 단계가 있어요. 요즘은 어떻게 됐는지 모르겠는데, 가장 기본적인 승무원이 있고, 그 위에 시니어 승무원이 있고, 그렇게 올라가서 퍼서가 되죠. 서브 사무장이 있고, 사무장이 있고, 치프퍼서까지 그렇게 승급이 돼요. 단계를 올라가기 위해 시험도 보고 그래요. 저도 방송자격증 A를 따서 기내 방송을 하기도 했죠. 저는 자격증을 따서 올라가려고 최선을 다했었어요.

강희진　그런 사람들 때문에 이 사회가 지탱하는 거죠. 그것이 보수의 존재 이유고요. 매번 혁명만 하고 어떻게 살아요. 그런 측면에서 보자면 국회의원도 의원님에게 맞는 직업 같아요. 국회의원은 한 분 한 분이 입법 기관으로 이 사회를 지키는 보루라고 할 수 있잖습니까.

허은아　의정활동을 통해 좋은 법안을 만들어 국민의 삶을 챙기는 일이 재밌고 매력이 많다고 생각해요. 어쨌든 승무원으로 있으면서 절차대로 열심히 일해 인정받으면 올라가는데, 하루는 허리가 너무 아팠어요. 허리가 끊어질 것처럼 아팠죠. 그래도 꾹 참고 일했어요. 쓰러질 것 같았는데, 이를 악물고 참았어요. 다른 승무원이나 고객들에게 피해를 줄 것 같아, 초인적인 힘으로 버텼죠. 절대로 밖으로 내색하지 않았어요. 그리고 집에 왔는데, 자신도 모르게 쓰러졌어요. 그리고 응급실에 실려 가 디스크라는 사실을 알았죠. 차라리 회사에서 쓰러졌으면 좋았을 것을. (웃음) 나중에 그런 생각을 했어요. 그랬으면 회사에서 치료비 일체를 책임져 주거든요. 실은 그때까지 그런 정보를 전혀 몰라, 쓰러져도 집에 가서 쓰러져야 한다고 생각했습니다. 남들한테 절대로 피해를 주면 안 된다고 생각했습니다. '배려도 병'이에요. 하여간 그 일 때문에 제 인생은 일대 전환을 맞이하게 되었죠.

강희진　무슨 뜻인가요?

허은아　제가 빠르게 걷는 것, 뛰어다니는 것을 좋아해요. 그래서 병원에 누워 텔레비전을 보면서 내가 다시 뛰어다닐 수 있을까를 너무 많이 생각했어요. 허리 디스크에 걸리면 일어나지도 못하고 걷지도 못한다고 들었거든요. 딱 한 달을 누워 있었어요. 그것 때문에 회사에서 진급이 안 됐죠. 진급 시점이었거든요. 하늘이 무너져 내리는 것 같았습니다. 저는 보수적인 성격이라고 했잖아요. 단계를 올라가면서 삶의 희열을 느꼈습니다. 그리고 승무원은 단계를 올라가는 게 중요한데, 한 번 못 올라가면 다음으로 진급이 안 돼요. 그래서 10년 동안 SS만 하는 언니들을 봤어요. 그래서 제 미래가 걱정됐어요. 제 목표가 진급을 계속해서 대한항공의 임원까지 올라가는 거였으니까요. 그런 꿈을 꾸면서 힘든 일도 참아왔는데, 디스크가 앞길을 막았습니다. 디스크가 문제가 아니라 진급이 안 되는 게 문제였어요. '대한항공 승무원 출신 허은아 이사' 그것은 '한여름의 밤의 꿈'이 됐죠. 진짜 승무원으로 끝장을 보고 싶었는데, 암담했어요.

강희진　만약에 허리 디스크가 없었으면 지금도 승무원으로 근무하고 계셨겠네요.

허은아　맞습니다. 제 친구와 저랑 친했던 언니도 아직 승무원으로 근무하고 있으니까요.

인생을 새롭게
디자인하는 전문가

강희진 어쨌든 대한항공을 퇴사하고 대학에 입학하셨습니다.

허은아 디스크 때문에 인생이 완전히 바뀌었죠. 바로 대학에 입
학하지는 않았어요. 당시에 대한항공 승무원 출신들을 여
기저기 회사에서 많이 찾았습니다. 그래서 이직이나 취업
은 어렵지 않았어요. 제가 선배 언니들에게 사정을 얘기
하고 이것저것 물었죠. 그중 한 분이 뜬금없이 원래 꿈이
뭐였냐고 물었어요. 저는 선생님이 되고 싶었다고 했죠.
그때 그 선배가 "그러면 선생님을 하면 되잖아", 하는 거
예요. "어떻게 선생님을 해요?" 그러자 승무원을 그만두
고 강사를 하는 사람들도 있다고 했습니다. 그때 매너 강

사나 매너 컨설턴트라는 게 있다는 것을 알았어요. 원래 선생님이 꿈이었으니까 그게 딱 꽂혔어요. 그런데 승무원으로 근무한 당시의 경력 3년으로는 짧다는 겁니다. 제가 졸업한 인하공전은 항공업계에서는 최고이지만 밖에 나가서 승무원 경력을 내밀려면 최소 5년 정도 돼야 한다고 했어요. 그래야 사람들이 저를 승무원으로 인정할 거라고 했어요. 그것 때문에 저는 대한항공에서 2년을 더 일했습니다.

강희진 주변의 충고를 곧이곧대로 받아들이셨군요.

허은아 선배들의 말을 쭉 들어보니 또 다 맞는 말이더라고요. 그리고 공부를 좀 더 해야겠다고 생각했어요. 제가 방송통신대학을 다녔다고 했잖아요. 목표를 석사학위를 받는 것으로 잡고, 공부를 더 할 준비를 했죠. 그때는 정말로 힘들었어요.

강희진 일하면서 공부한다는 게 쉬운 일이 아니죠.

허은아 공부 자체가 목표는 아니었습니다. 강사가 되려니까 공부가 필요했던 겁니다. 물론 공부에 대한 갈망은 항상 누구에게나 다 있죠. 저는 공부를 좋아했어요. 그러니까 선생님이라는 인생의 구체적인 설계가 없을 때였지만 사전학습에 대한 의미로 대학에 다녔어요. 저는 기능을 사람들에게 알려주는 강사가 되고 싶진 않았어요. 승무원을 하다가 삼성에서 CS 강사를 하는 친구도 있었습니다. 그러나 저는 좀 다른 강의를 하고 싶었어요. 물론 친구들의 강의가 부족하다거나 못했다는 얘기가 아니라 저는 저대로의 방식을 찾고 싶었어요. 뭔가 생각하면서 지속가능한 일을 하는 사람들을 키우고 싶었어요. 사실 제 꿈은 강사가 아니라 선생님이었어요. 그런 욕망 때문에 공부했습니다.

강희진 매사에 분명한 입장이 있으시군요. 성균관대학교에서 한국철학을 전공하셨습니다. 그 대학은 동양 철학으로 유명한 학교인데, 실제로 의원님의 책들을 보면 공맹(孔孟) 이야기가 종종 나와요.

허은아 제가 성균관대에서 배웠던 동양 철학, 특히 인의예지신(仁義禮智信)을 가르치는 '유학'이 제 몸이 맞는 옷이란 생각을 하고 있었어요. 사람들은 유교나 동양 철학이 체제 순응적이라 고리타분하다고 여기잖습니까. 저도 모를 때는 그런 생각을 했죠. 그런데 좀 알면 함부로 그런 말을 못 해요. 그리고 우선 성균관 대학이 실무적인 학문이 아니라 더더욱 좋았어요. 저는 고등학교 졸업 이후로 실무만 했던 사람이었으니 그 이상이 필요했죠.

강희진   컨설팅 전문 업체 '예라고'를 창립하셨는데, 괜히 나온 게 아니군요. 연세대학교 언론홍보대학원에서 석사학위를 받으셨는데, 전공을 바꾼 게 아닌가요?

허은아   바꾼 게 아니라 하나의 흐름을 갖고 선택한 겁니다. 제가 매너, 브랜드를 연구하는 사람이니까 광고나 홍보를 하는 것이 맞죠. 저는 평판 산업 종사자예요. 성공적인 비즈니스를 하기 위해 평판이 필요하고요. 사람들이 삼성이라면 뭐든지 믿고 계약하는 이유가 바로 브랜드의 평판 때문입니다.

현대사회에서 평판은 단 한 가지로만 만들어지지 않아요. 전문분야가 유기적으로 결합된 총체적인 활동의 결과로 사람들의 머릿속에 각인되는 겁니다. 기업은 긍정적인 평판을 만들기 위해 이미지 전략이 필요한 것이고, 광고와 홍보에 사활을 걸고 엄청난 돈을 쏟아붓는 겁니다. 제가 했던 일이 퍼스널 브랜딩이거든요. 사람에 관한 연구와 그 사람을 브랜딩하는 데 필요한 게 아이덴티티죠. 그러니까 제 공부는 정확한 순서를 갖고 진행한 셈이죠. 처음에는 그것을 잘 인식하지 못했는데, 하다 보니까 그렇게 됐어요.

강희진 듣고 보니 그렇군요. 아마도 의원님은 무의식적으로 그런 선택을 한 것 같네요. 박사과정에 관한 얘기 좀 해 주세요. 제가 의원님의 박사 논문을 읽었는데, 소설처럼 재미가 있었거든요. 그 논문 덕분에 의원님의 일을 정확히 이해할 수 있었습니다.

허은아 저는 그 논문을 통해 제 일을 어느 정도 정리할 수 있었어요. 솔직히 말하면 저는 석사도 쉽진 않았습니다. 제가 유유자적하면서 공부만 한 것이 아니었거든요. 그래서 박사는 더 힘들었죠. 잠을 3, 4시간씩밖에 못 자면서 공부했는데, 석사 논문을 쓸 때는 임신 중이라 산후조리원에서 마지막으로 수정하고 그랬어요. 그래서 논문이라면 지긋지긋했는데, 박사를 또 했죠. 그때 성대가 처음으로 회사에 다니는 사람을 상대로 박사과정을 모집한 거예요. 그래서 운좋게 제가 모교에서 박사과정을 하게 된 거죠.
그런데 제가 전문대를 졸업했다는 것을 주변 동료들이 알고 저를 은근히 무시하는 태도가 보이더군요. 어느 날에는 화장실에서 울면서 학교를 때려치울까 말까를 고민하기도 했어요. 하지만 내가 당신들보다 먼저 졸업할 거라고 다짐하면서 이를 악물었어요. 하여튼 박사과정이 너무 힘들었습니다. 경영학의 꽃이라고 할 수 있는 마케팅을 전공해서 더 힘들었던 것 같아요. 그래도 제가 마케팅에서 종합시험을 최초로 한 번에 통과했어요. 어떤 교수님은 제게 그동안 저를 오해하고 신경써주지 못해 미안하다고도 하셨죠.

박사 논문 때문에도 우여곡절이 많았습니다. 지도교수가 좀 쉬운 걸로 하라고 했어요. 하지만 그 논문을 쓰려고 들어왔는데, 어렵다고 포기할 순 없었죠. 브랜드 매너라는, 제 전문분야라고 할 수 있는 브랜드의 태도를 선택했어요. 저는 그 분야에 최초의 논문을 쓰는 사람이 되고 싶어 성대에 갔고, 힘든 상황을 참아 냈습니다. 더구나 제가 김정우 교수님을 지도교수로 모셔서 연구했는데 그분은 늘 새로운 걸 하시는 학자이기 때문이었습니다. 당시에는 어려운 연구라 제게 포기하라고 하는 사람이 많았어요.

강희진 그 정도 정열이라면 해외로 유학을 갔다면 더 쉽게 공부를 할 수 있었을 텐데요.

허은아 저도 그런 생각을 해 보았죠. 하지만 결혼한 상황이라 도저히 그럴 수는 없었습니다. 제 논문의 제목은 「브랜드 매너의 구성 차원 및 고객 기반의 브랜드 자산에 미치는 영향」이었습니다. 논문을 읽어보신 분은 아시겠지만 브랜드 매너의 개념과 구성요소를 논증했고 나중에 경영학회에서는 브랜드 자산의 가치를 계량화한 연구도 하였습니다. 그런데 그때를 돌아보면 학부에서 전공한 철학과 석사 시절의 광고학 연구 경험이 박사 논문을 준비하는 데 많은 도움이 됐어요. 당시에는 박사 논문을 쓰기 위해 승무원을 그만두고 공부에 전념한 셈인데요, 본래 그럴 생각은 아니었지만 지금 생각하니 저의 무의식에서 사회에 기여하는 독창적인 연구를 반드시 해내겠다는 목표가 있었던 것이 아닌가 합니다.

양두구육과
브랜드 매너

강희진 브랜드 매너가 무엇인가요?

허은아 브랜드 매너란 뭐라고 할까요, 최근에 유명해진 4자성어 양두구육이란 말이 있잖습니까. 양 머리를 걸어놓고 개고기를 판다는 뜻이죠. 표리부동이라고 할까. 브랜드는 그러면 안 된다는 겁니다. 그러니까 기본적으로 광고한 만큼의 상품이어야 한다는 뜻입니다. 애플이나 삼성이 잘 되고, 아직 살아남는 이유는 고객들이 양두구육이 아니라고 믿고, 기업이 실제로 그래 왔기 때문입니다. 삼성이나 애플만 아니라 일류기업들은 조금 전에 말한 평판을 키우고 지키기 위해 엄청난 재원을 투여한 겁니다. 그뿐이 아닙니다. 승무원 시절 제가 해외를 다니면서 느꼈던 점은 선진국은 반품이 정말 쉽고, 환불도 정말 잘 해줘요. 심지어 한 번 사용하거나 입었던 것을 가지고 가도 뭐라고 하지 않고, 짜증을 내지 않고 고객의 요구를 들어준단 말이죠. 뭔가 불만이 있어 다시 찾아왔다고 생각하고 말입니다.

강희진 논문에 말씀하신 얘기가 나오죠. 기념비적인 논문이라서 독자님들도 꼭 읽어 보셨으면 합니다.

허은아 고객 중심의 회사는 결국 살아남습니다. 일종의 브랜드 관리를 하는 겁니다. 우리나라도 요즘은 많이 좋아지고 있긴 해요. 광고는 상품과 똑같아야 합니다. 소비자를 속이면 안 돼요. 매너를 지켜야 합니다. 광고는 근사하게 해 놨는데 사보니까 전혀 아니다, 경험해 보니까 엉망이다, 브랜드가 고객에 대한 매너가 있어야죠. 그것은 사람도 마찬가지입니다. 그것은 일종의 신뢰란 말이죠. 신뢰가 없는 사람과 어떻게 거래를 할 수 있겠습니까? 만일 그 사람이 연예인이라고 생각해 보세요. 그에게 브랜드 매너는 단순히 신뢰가 아니라 자산 그 자체입니다. 그가 정치인이라면 어떨까요? 실존의 문제입니다. 망하는 회사나 제품이나 개인이나 정치인은 다 이유가 있는 겁니다.

강희진   광고도 중요하겠죠?

허은아   맞아요. 좀 전에 예를 든 것처럼 고객에게 환불해 주어 제품에 대한 무한 책임을 지는 것도 중요하지만 제품에 대한 광고나 홍보도 중요합니다. 홍보를 못 하면 안 돼요. 삼성은 브랜드 예의도 바르지만 엄청나게 광고를 잘해요. 예를 들어 한 글로벌 그룹사가 자신들의 제품은 더 좋은데, 광고를 못 해 제품의 가치를 평가받지 못한다고 주장하면 그것은 핑계예요. 자기들도 그렇게 광고해야죠. 기업의 입장에서 보자면 평판 역시 그저 얻은 게 아닙니다. 삼성은 새 기술에 투자한 만큼 브랜드의 가치를 지키기 위해 광고 홍보에 투자한 겁니다. 세상에 공짜가 어디 있습니까?

저는 박사 논문을 통해 제 일을 체계화했어요. 솔직히 저는 학부와 대학원 시절 나름대로 정립한 이론을 밑천으로 사업을 했습니다. 요즘 가끔 제가 학부 시절에 철학을 공부하지 않았다면 어떤 논리를 만들었을까, 그런 생각을 종종 해요. 사실 동양 철학의 핵심이 표리부동이나 양두구육을 하지 말라는 얘기죠.

강희진 맞아요. 논문의 서론에 보면 브랜드 매너를 설명하면서 예(禮)의 개념을 가져와 논리를 전개하셨습니다. 말한 바가 그대로 행동으로 옮겨졌을 때, 그 사람을 진실한 사람이라고 한다는 말입니다. 경영학 논문의 첫 장에 대단히 유교적인 가르침이 나와 처음엔 약간 어리둥절했습니다. 정치인 허은아는 표리부동이 아니라 표리일체를 실천하려고 노력하나요?

허은아 정치인 이전에 인간 허은아는 겉모습과 속이 똑같다고 봐

주셨으면 해요. 필요하면 적당히 다른 얼굴을 보여줘야 하는데, 그걸 못해 문제입니다. 사실 제가 정치 현장에 들어와 보니, 정직한 정치인이 꼭 능력이 있는 정치인은 아닌 것 같다는 생각도 했어요. 선의의 거짓말, 하얀 거짓말이란 표현이 있죠. 정치인은 국민과 함께 가려면 그런 가면을 쓸 줄 알아야 하겠더라고요. 그것이 정치라는 생각이 들어요. 그런 얘기가 로버트 그린의 『권력의 법칙』을 관통하는 정치 전략 혹은 정치 철학이거든요.

그렇다고 해도 저는 거짓보다는 진실을 말하는 정치인이 되고 싶어요. 자기 말을 책임지는 정치인이 되고 싶습니다. 저는 사업을 할 때도 그랬어요. 승무원 생활을 할 때도 그랬고요. 표리부동이나 양두구육이 일어나는 것은 항상 욕심 때문이에요. 정치인이 자기 능력의 범위를 벗어나려면 거짓말을 해야 하는 경우도 생기는 법이죠. 그래서 저는 사적 욕심을 갖지 않고 국민에게 최선을 다하는 국회의원이 되려고 노력 중입니다. 그것을 위해 무엇보다도 제 실력을 키워야죠.

예를 마케팅하는 회사,
'예라고'

강희진　　컨설팅 전문 업체 '예라고'의 설립과 운영하게 된 계기를
　　　　　　말씀해 주세요.

허은아　　사연이 좀 길어요. 아버지가 암에 걸려 죽게 생겼다면서
　　　　　　저더러 결혼하라는 겁니다. 당신은 자신이 사라지면 딸이
　　　　　　결혼도 못하고 살까 봐, 그게 걱정되셨던 모양이에요. 제
　　　　　　게는 오히려 부담스러운 눈물겨운 부성이었죠. 그래서 연
　　　　　　애 중이던 의대생 남편과 결혼했습니다. 그때가 1997년
　　　　　　경이었죠. 당시 인턴이었던 남편이나 저나 결혼할 형편이
　　　　　　되지 않았는데, 저 때문에 빠르게 결혼식을 올렸죠. 아버
　　　　　　지께서 암에 걸려 결혼은 정말로 힘들었어요. 그저 남편

에게 정말 고마워 저 남자를 위해서 살아야겠다고 마음먹고 하던 일을 접었어요. 남편은 의대 출신이라 열쇠 세 개는 준비해야 신부 대접을 받을 수 있었던 시절이었어요. 저는 열쇠 하나도 줄 수 없는 처지였고요. 결혼하고 남편을 위해 집에 있으니까 그게 오히려 남편에게 짐이 될 수도 있겠다는 생각을 하게 됐습니다. 당시 제가 스물여섯이었고 공부를 시작한 상황에서 제 강점을 살려서 사회생활을 해야겠다는 생각을 했고 그러다 500만 원 가지고 창업했어요. 원래 계획은 취업이었는데, 결혼한 상태라서 받아주는 곳이 없었어요.

강희진 창업은 어쩔 수 없는 선택이었네요.

허은아 처음에는 '예라고'는 아니었고, 창업 후 6개월 지나서 이름을 바꾼 거죠. 예는 예스라는 의미도 있지만, 한문을 보면 그런 뜻이 아니고요.

강희진 '예'는 예절의 의미를 강조한 말로 보이고, '예스'라는 의미도 통하는 것 같습니다. 의미로 보면 고객 중심의 어휘라는 측면에서 탁월한 이름 같습니다. 2000년대 중반에 ICT(Information & Communication Technology) 업계에 직접 뛰어들었다고 들었습니다. 그곳에서 무슨 작업을 했나요?

허은아 저는 늘 도전하고 싶었습니다. 당시 제가 20대였어요. 청년 지원, 혹은 청년 창업은 당시나 지금이나 말만 요란했지, 시장의 문이 좁았습니다. 저는 취업에 좌절해 창업한 셈입니다. 결혼했지만 청년이었고, 저 같은 청년이 공감할 수 있는 아이디어를 찾기 시작했습니다. 그래서 네이트온과 손을 잡고 싸이월드를 활용해 취업 면접을 보는 온라인 프로그램을 개발했어요. 가격 때문에 오프라인 면접 컨설팅을 받지 못하는 청년들에게 도움이 되는 온라인 컨설팅이었습니다. 그런데 세상은 녹록치 않았어요. 당시 프로그램은 온라인 캐시인 싸이월드의 '도토리'로 결제해야 했죠. 지금은 전 세계를 덮친 코로나 때문에 '화상 컨설팅'이 아주 흔한 일입니다. 2000년대 중반을 생각하면 너무 선진화된 방법이었어요. 무엇보다 돈이 문제였죠. 투자를 전혀 받지 않고, 100% 본인의 자금을 쏟아부었으니까요. 그러니 자본력의 한계에 부딪혔어요. 홍보도 부족했고, 대기업과 어떤 식으로 콜라보를 시도하려고 노력했어야 했는데, 당시는 제가 어렸을 때라 아이디어만 믿었죠. 지금 생각하면 순진했어요. 20대 청년 사업가로서 나름 승부수를 던졌으나 뼛속 시린 실패를 경험했습니다.

강희진 네이트온, 싸이월드 등 다 유명한 네트워크인데, 어떤 식으로 아이디어를 생각했습니까?

허은아 제가 했던 일은 학생들한테 취업 면접을 무료로 가르쳐주는 거였어요. 지금은 너무나 당연한 일이죠. 돈을 받고 그런 일을 하는 사업체도 있고요. 제가 창업했을 때는 그런 일 자체가 거의 없었어요. 취업 면접 노하우를 무료로 제공한다니까 반응이 좋아서 이 학교 저 학교에서 저를 찾았어요. 그것을 가지고 학교 강의를 했습니다. 그러자 성균관 대학에 2학점짜리 매너 강의가 생겼어요. 어느 날은 고려대 경영학과 이두희 교수가 저를 불렀습니다. 고려대에서도 3학점짜리 전공 선택 수업이 만들어졌고, 제가 그것을 진행했어요.

강희진 놀랍군요. 의원님께서 경영학 박사라서 학생들이 강의를 듣는 것은 놀랄 일은 아닌데, 매너 강의라는 전혀 새로운 방식의 수업을 만든 거잖아요. 더구나 그것은 의원님이 평생을 공부하고 연구해 체계화한 이론이고요. 그런 분야가 있기는 했지만 어쨌든 의원님이 하나의 학문으로 확립해 경영학과 전공 선택 과목이 된 셈이네요.

허은아 원래 얘기로 돌아가 처음에 했던 게 취업 면접이었기 때문에 이것을 온라인에서 하자고 생각한 겁니다. 당시 채팅이란 게 있었고요.

강희진 싸이월드, 네이트온을 생각한 것이군요. 당시 싸이월드가 국내 소셜 네트워크 서비스의 절대 강자로 군림하고 있을 때였죠. 결제 수단이 도토리였고요.

허은아 맞아요. 둘을 결합하면 되겠더라고요. 아무튼 카메라를 보면서 직접 우리 컨설턴트들이 교육해 주거나 멘토링을 해 주면 좋겠다 싶어서 진행했던 겁니다. 근데 당시에는 컴퓨터용 카메라가 흔하지 않았어요. 저희가 일일이 설치해 주어야만 했어요. 그 일을 하다 보니 당연하게도 비용때문에 한계가 왔어요.

강희진 정부로부터 창업지원의 도움을 받지는 못했나요?

허은아 도움을 주는 지원센터가 있는 줄도 몰랐고, 대부분 제가 벌었던 돈을 쓰면서 제 사업을 했어요. 그래서 빨리 한계에 부딪혔어요.

강희진   아이디어를 갖고 기업과 협의를 했다면 좋았을 텐데요. 지금 말씀하신 화상 컨설팅이 단위 기업으로서는 혼자 가능한 일이 아니잖습니까.

허은아   당연히 대기업 투자를 받아보려고 했죠. 그런데 조건이 황당했어요. 투자를 받아서 잘못되면 제가 다 갚아야 하고, 잘 되면 투자한 회사의 지분으로 90%를 갖는 겁니다. 그런 계약서였어요.

강희진   지나치게 불공정했네요. 그런 조건이라면 누가 투자를 받겠어요.

허은아   제가 이미지 진단 애플리케이션 ASK Image를 개발했을 때, 역시 대기업의 투자를 받으려고 돌아다녔어요. 그런데 삼성에 들어갔을 때였어요. 누가 절 불렀어요. 이름을 언급하면 누구나 알만한 임원이 그러더군요. 허 대표, 이것을 들고 미국으로 가세요. 그곳에 가서 페이퍼만 보여주면 투자받을 수 있을 겁니다. 그 임원의 말로는 자신이 볼 때 충분히 가능성이 있는 아이디어라고 했어요. 미국에서는 아이디어만으로도 투자해 줄 수 있다고 했습니다. 실리콘 밸리는 아이디어를 적은 종이 몇 장으로도 일을 진행할 수 있는 곳이라는 겁니다. 아이를 두고, 남편을 두고 갈 순 없었어요. 만일 혼자였다면 갔겠죠.

이미지 성향 자기진단 프로그램, 'ASK 이미지'

강희진　ASK 이미지가 무슨 내용인가요?

허은아　이런저런 이유로 첫 번째 ICT 도전에서 실패했고, 이후 10년이라는 긴 세월 동안 절치부심해 만든 것이 ASK 이미지입니다. 2000년대 중반 이후로 디지털혁명의 파고가 물밀듯이 밀려왔습니다. 첫 번째 아이템을 기반으로 애플리케이션을 이용한 이미지 진단 시스템의 개발에 매진했습니다. 저는 처음 사업을 시작할 때, 디지털혁명 시대의 도래를 믿었어요. 아이들이 컴퓨터를 장난감처럼 다루잖아요. 앞으로 살 세상은 그들의 세상이고요.

강희진 너무 간단한 이치네요.

허은아 아무튼 저는 라스베이거스 CES까지 방문해 디지털 기술
과 정보통신의 흐름을 익혔어요. 또한 투자처를 만나러 2
년 이상을 발바닥에 불나게 뛰어다녔죠. 그 결과 어느 정
도의 네트워킹이 쌓였고, 투자처를 만날 수 있었어요. 덕
분에 시대를 앞지른 앱 베이스(App base) '이미지 진단 시
스템'을 개발했습니다. 사실 아주 흥분되는 일이었어요.
이미지컨설팅을 온라인화하는 애플리케이션을 통해서 한
다는 야심에 찬 계획이었던 것이죠. 먼저 애플리케이션에
접속하면 얼굴형과 퍼스널 컬러를 자동 분석합니다. 그
럼, 개인에게 어울리는 이미지를 비롯해 매너와 스피치
기법을 동시에 컨설팅하는 AI 시스템이 작동하는 겁니다.

강희진 이미지 성향 자기진단이 되겠네요.

허은아 맞습니다. 제가 한 번 망해 봤기 때문에 상당히 많이 준비
했어요. 애플리케이션에 신청자의 얼굴을 찍고, 직업을
비롯한 기본적인 정보를 입력해 두면 신청자의 성향을 분
석하여, 신청자에게 맞게 추천해 주는 원리입니다. 출근
할 때, 옷을 고르기 힘들어하는 사람이 의외로 많아요. 우

리 돈으로 54조 자산가인 마크 저커버그 페이스북 최고 경영자 옷장에는 두 종류의 윗도리 열 벌 정도씩 걸려 있다고 해요. 이유는 아침마다 무슨 옷을 입어야 하는지 고민하고 싶지 않았답니다. 그 에너지를 다른 결정을 하는 데 쓰고 싶었다고 했어요. 이건 잘 알려진 얘기죠. 애플리케이션은 신청자의 옷장 속 정보를 환히 꿰뚫고 있으니 두 벌 정도를 추천할 겁니다. 그럼, 저커버그처럼 둘 중 하나를 고르는 겁니다. 안경은 어떤 것을 쓰고, 머리 스타일은 어떻게 하고, 얼굴 화장을 어떻게 하라는 충고를 받을 수 있겠죠. 또 오늘 누구를 만날 거라고 스케줄을 미리 입력해두면 상대를 배려하는 차림새도 선택해 줄 겁니다. 오늘 면접을 본다면 면접에 맞는 추천이 있겠죠. 선택의 고통에서 해방될 수 있습니다. 오늘의 미팅 상대는 매사에 서두르는 사람이니 신청인은 약속 장소에 5분 전에는 도착하라는 조언을 할 겁니다. 컴퓨터와 연동되어 있어서 당연히 날씨 정보 등을 고려한 추천이 이루어집니다. 만일 사주를 믿는 사람이라면 사주 프로그램을 연동해 놓으면 오늘 조심해야 할 일이나 혹은 오늘은 운이 특별히 좋은 날이니까, 뭐든 공격적으로 해 보란 충고도 받을 수 있겠죠. 실제로 사주는 연월일의 운세가 전부 나오잖아요.

강희진　요즘에는 비슷한 서비스를 해 주는 애플리케이션이 있는 것 같은데요.

허은아　그러니까 제가 얼마나 속이 상하겠어요. 제 아이디어를 도난당한 느낌이죠.

강희진　당시로선 그야말로 디지털혁명의 총아 같은 아이디어였군요.

허은아　삼성 임원이 괜히 아이디어를 들고 실리콘 밸리로 가 보라고 했겠어요. 대박이 터질 것 같다는 판단을 했으니까 자기 회사로 투자받으러 온 사람을 미국에 가 보라고 충고해 준 것이죠.

강희진　결국 ASK도 이미지컨설팅에 기반을 둔 상당히 창의적인 아이디어였지만, 사업적으로 성공하지 못했네요.

허은아　냉정하게 말하면 온라인 비즈니스 창업 생태계에 대한 이해 부족으로 큰 성공을 거두지는 못했습니다.

강희진　청년 허은아는 이처럼 지나치게 시대를 앞서가는 아이디어와 '투자 벽이나 네트워킹 벽'을 넘지 못해 사업을 접었고, 그 때문에 성찰과 교훈을 얻을 수밖에 없었네요. 당시 경험이 국회의원이 된 현재의 삶에 어떤 영향을 주었을 것 같습니까?

허은아 실패의 경험이 없는 사람들은 그냥 얼마씩 도와주면 된다고 말합니다. 예를 들어 500만 원을 지원해 주면 된다고 말합니다. 물론 그 돈을 안 받는 것보다는 낫겠지만 돈보다 중요한 것은 내가 벌어가면서 돈을 갚을 수 있도록 시스템을 갖추는 게 우선입니다. 청년 창업자들이 공돈을 받고 싶은 게 아니에요. 자신이 노력한 만큼의 결과를 얻고 싶은 거죠. 자본이 없다거나 진짜 정보가 없어서 못 하는 일들이 의외로 많아요. 제가 그런 것들이 없어 실패해본 경험이 있으니까 하는 말입니다. 그래서 예측가능한 공정의 사다리를 만들어주고 싶은 거예요. 정치인들은 청년들에게 자꾸 돈을 공짜로 주면 만사형통이라고 생각하는 것 같아요. 제가 국회의원이라 제가 할 수 있는 일은 입법과 정책 분야입니다. 방금 한 말들은 입법으로 추진해볼 생각입니다. 초선이라 뭘 하려고 해도 자꾸 벽을 느끼긴 하지만요. 저는 제가 체험했던 실패를 청년들이 똑같이 체험하지 않았으면 좋겠습니다.

내면을 디자인하는
PI 전략가

강희진   기존의 이미지컨설턴트들은 입는 옷이나 얼굴, 외모 등 컨설팅 대상의 태도나 밖으로 보이는 이미지를 관리하는 것이죠. 그런데 의원님의 기본 컨셉은 대상의 내면을 잘 보여줄 수 있는 이미지에 포인트가 있는 것 같습니다. 만일 옷을 주제로 말한다면 예쁜 옷이 아니라 자신에게 딱 맞는 옷을 찾아 입히는 것이죠. 대상의 내면을 드러내도록 말이죠. 그래서 의원님의 인터뷰에 보니까 자신을 이미지컨설턴트라고 부르는 것을 꺼려하는 인상을 받았습니다. 기존의 이미지컨설턴트와 의원님의 생각하시는 이미지컨설턴트는 어떤 차이점이 있을까요?

허은아 이미지의 사전적인 의미는 '어떤 사물이나 사람에게서 받는 인상'이에요. 그러니까 자기 행동, 심지어 성향까지 모든 게 다 이미지인 겁니다. 상대에게 좋은 인상을 주기 위해 이미지를 개발하는 것이죠. 결국, 좋은 이미지를 위해 대상의 컨설팅에만 신경을 쓰면 양두구육이 될 수 있죠. 자기와 다른 모습을 다른 사람에게 보여준단 뜻입니다. 하지만 인간은 가면을 쓰고 절대로 오래 견딜 수 없어요. 그러면 브랜드가 될 수 없습니다. 겉과 속이 같은 표리일체가 되려면 내면이 단단해지는 게 중요해요.

정리된 내면적 자기를 밖으로 보여주는 것이 이미지죠. 제가 박사 논문을 쓸 당시에도 그런 생각을 했어요. 긴 시간 동안 논문을 작성하면서 그동안 해 왔던 컨설팅을 정리할 기회를 가졌습니다. 그때 제가 인간 내면의 질서를 중요하게 여기는 한국철학, 동양 철학을 공부했다는 것을 정말 다행이라고 여겼어요. 동양 철학, 특히 유학은 인간이 표리일체를 달성하기 위한 학문입니다. 공자의 불혹(不惑), 지천명(知天命), 이순(耳順)이란 말들을 그렇게 이해했어요. 제가 하는 일은 CEO의 내면을 정리하는 데 도움을 주고, 그것을 제대로 드러나도록 하는 것이죠. 그게 이미지라고 할 수 있어요. 예를 들어 작가라면 그 작가의 지향점이 있을 거란 말이죠. 대중 작가, 혹은 순수문학 작가

등의 정체성에 따라 자기 모습을 드러내도록 하는 것이라고 생각하면 될 것 같아요.

국회의원도 마찬가지입니다. 지역구에서 지역 사람들에게 자신의 모습과 능력을 잘 보여주고 인정받아서 3선이나 4선이 될 것인가를 고민하는 의원도 있을 것이고, 아니면 자신은 국회의원 자체가 목표가 아니라는 의원도 있겠죠. 대통령이나 중앙정부에 들어가 국가의 중요한 의사를 결정한다든지, 그 정체성에 따라 이미지를 관리할 필요도 있습니다. 거듭 강조하지만 표리부동이나 양두구육이 되어서는 곤란하다는 것이 핵심입니다.

강희진 정치의 영역에서는 더더욱 그럴 것 같아요. 의원님의 경우는 PI라고 스스로를 명명하십니다. 정치에서는 이미지컨설턴트가 맞지 않나요?

허은아 정치에서도 이미지컨설턴트들이 있어요. 그것도 중요하죠. 왜냐면 이미지란 말 자체가 시각이란 말입니다. 선거가 있다고 생각해 봅시다. 이미지컨설턴트들은 스타일리스트처럼 헤어 메이크업하고, 얼굴을 만져주고, 태도라든지, 그런 작업을 하는 분들이 있단 말이죠. 저는 그런 일보다는 전체적으로 전략과 방향을 잡아요. 예를 들어 스케줄을 잡고, 중요한 메시지는 어떤 순간에 전달해야 하는지 등을 전략팀, 홍보팀 등과 의논해 판단하고 최종 순간 제가 결정을 합니다. 그래야만 후보의 이미지를 통합적으로 관리할 수 있어요.

이미지컨설턴트, 전략팀, 홍보팀이 전부가 움직여 후보의 이미지를 통일적으로 만들어내야 하고, 그것을 통괄적으로 관리하는 전문가가 필요하거든요. 어떤 후보가 기존의 정치 세력을 밀어내고 권력을 잡아야 하는 이유는 그가 다른 혹은 새로운 철학과 사상을 갖고 국민과 함께 새로운 나라를 세워보고자 하기 때문입니다. 그리고 후보의 그런 철학과 사상을 매력적으로 보이도록 이미지를 통괄하는 전문가가 PI입니다. 노벨 경제학 수상자인 대니얼 카너먼이 했던 유명한 말이 있습니다. '성공을 위한 가장 중요한 조건은 지능이나 학벌 그리고 운이 아니라 바로 매력이다.' 저는 후보의 철학과 사상을 이미지를 통해 가장 매력적으로 보이도록 전략을 만드는 사람입니다. 아무리 좋은 철학과 사상도 매력이 없으면 대중에게 효과적으로 전달되지 않아요.

예나 지금이나 선거는 이미지 싸움입니다. 로버트 그린의 『권력의 법칙』을 보면 죄다 PI라고 할 수 있어요. 어제는 저 페르소나를 썼지만, 오늘은 이 페르소나를 써야 해요.

트럼프와 힐러리도 이미지로 대선을 치렀어요. 그런 겁니다. 권력은 PI를 통해 발현된다는 점을 이해해야 해요. 한국의 이번 대선 역시 처절한 이미지 싸움이었습니다. '박빙'이었단 것은 두 개의 이미지가 극적으로 충돌했단 뜻입니다. 원래 여론 조사에서는 국민의힘이 월등히 이겼는데, 결국 근소한 차이로 승리했다는 것은 더불어민주당에서 이미지 싸움을 아주 잘했단 뜻입니다. 그들은 끝까지 지치지 않고 맹추격을 했던 겁니다. 물론 우리가 더 잘해 이겼죠. 아무튼 PI는 한국에서는 힘들어요. 선거에 들어가기 전에 PI 전략을 위한 사전 시스템을 구축해 둔다고 해도 각 세력들과 이해관계 때문에 잘되지 않아요. 이 말은 선거가 조직적으로 전략적으로 움직이지 않는다는 뜻입니다. 실제로 제가 그런 경험을 자주 했어요.

유산의 아픔이
프리맘 배려운동으로

강희진　　의원님은 '프리맘 배려운동본부 회장'을 역임하셨습니다. 동아일보 2010년 9월 13일 기사에 의원님 얘기가 나왔으니 국회의원이 되기 한참 전의 일입니다. 왜 이런 운동에 관해 관심을 가지게 되셨는지 궁금합니다. 프리맘이란 용어도 재미있어요.

허은아　　먼저 용어부터 정의해 드리면 '프리맘'은 엄마를 칭하는 '맘(mom)'에 '미리' '예비'를 뜻하는 접두어 'Pre'를 붙인 '예비 엄마'라는 의미의 신조어입니다. 'Pre'는 임신부를 뜻하는 'pregnant'의 앞 글자이기도 하죠. 2010년이니 제가 언감생심 국회의원이 될 생각을 했겠습니까? 하여간 저도 유산의 경험이 있었습니다. 그런데 프리맘 운동을 하려고 한 게 아닙니다. 회장 역시 되고 싶어 된 것도 아니고요. 우리나라가 출산율이 세계에서 가장 저조한 나라 중에 하나라는 통계가 있습니다. 벌써 그게 몇 년 전의 일인가요? 출산율을 높이기 위해서 돈을 준다고 이상한 소리 하잖아요. 지금도 그러고 있죠. 그렇게 해서는 절대로 출산율을 높일 수가 없습니다. 그런데 정부에서는 돈을 쓰면서 막상 임산부들한테는 정부도 사회도 신경을 쓰질 않아요.

임신을 하면 초기가 가장 힘듭니다. 그때가 제일 안전하지 않고, 그 뒤에 차라리 배가 나오면 안전해 덜 위험해요. 그래서 그 부분에 접근한 겁니다. 지하철을 타든 버스를 타든 배가 부르지 않으면 임산부인지 모르기 때문에 자리 양보도 없습니다. 그런데 임산부로서는 서 있는 상태가 너무 힘들거든요. 임신 초기에는 남자들은 아내가 얼마나 힘든지 잘 모릅니다. 우리 남편도 몰랐어요.

강희진 의사들도 몰라요?

허은아 사람들은 모를 겁니다. 의사하고 사는 부인들이 제일 힘든 건, 아프다고 말하면 "안 죽어." 이걸로 끝내요. 그냥 안 죽으니까, 걱정하지 말라고 그런 거죠. (웃음) 정신적으로도 몸으로도 너무 힘든데, 남편도 모른다고 생각해봐요. 회사에서도 마찬가지입니다. 임신했다고 말하면 '축하해'라는 말이 아니라 '너 언제 그만둘 건데?'라는 물음이 다가옵니다. 그러니 회사에서는 임신한 사실을 밝히기 어렵죠. 요즘은 조금 나아졌다고 들었어요. 저희가 이런 운동을 했기 때문에 상황이 조금은 나아졌다고 생각합니다. 배가 부르지 않아도 임산부를 알아보고, 배려하는 문화가 정착돼야 합니다. 출산율을 조금이라도 올리려면 그래야죠.

강희진 요즘 상황으로 보면 결혼해서 아이를 낳는다는 게 기적이네요.

허은아 아이를 갖기도 힘든데 임신하고 오히려 찬밥 신세가 되니 그게 될 말입니까? 스트레스를 받고 힘들어 아이를 못 낳는 사람들이 많으니까 저는 문화가 변해야 한다고 봐요. 프리맘 배려 운동본부를 해서 나중에는 18세 예비 엄마들의 운동으로 확산하려고 했죠. 그들도 예비 임신부들이니까요. 또 청소년들이 화장실에서 애를 낳고 도망가는 일도 있다는 얘기가 심심찮게 들리는 세상입니다. 그런 아이들을 돌보고 싶었어요. 그래서 제가 프리맘 배려 방안을 갖고 서울시부터 여러 군데를 돌아다녔는데, 죄다 무시당했거든요. 2007년부터 그 일을 준비했죠. 벌써 그게 몇 년 전입니까? 만일 정부나 서울시가 그 방안을 받아주었다면 우리는 손을 뗐을 겁니다. 저희는 프리맘 배려운동 자체가 목적이었으니까요.

강희진   그러니까 프리맘 배려운동 본부의 회장으로 돌아다녔다는 얘기죠? 정치인도 아니었고요.

허은아   그렇죠. 저희는 보건복지부에 이런 운동을 해달라고 했어요. 우리는 매너 강사들이라 이런 데 관심이 많았거든요. 서울시도 해 달라고 했는데 안 했고, 복지부에서도 관심이 없었어요. 그냥 고지식하게 밀고 나갔습니다. 그랬는데 나중에 서울시와 보건복지부가 뺏어 갔어요.

강희진   아쉽기는 하지만 사업의 주최를 뺏어 가더라도 일단 그 사업이 진행이라도 된 것은 다행이네요. 그리고 9월 6일 '프리맘 데이'라는 것도 만드셨죠? 날짜도 그냥 잡은 게 아니더라고요.

허은아   프리맘 데이를 9월 6일로 잡은 이유는 숫자 '9'가 태아를 닮았고, 숫자 '6'은 임신부의 모습과 비슷하다는 데 착안했습니다.

강희진   그것도 이미지 효과로군요.

허은아   이미지를 사용하지 않으면 기억에 오래 남지 않아요. 프리맘 배려운동 본부에서 당시 서울시 중구 소공동 롯데호텔에서 '프리맘 데이'를 선포했어요. 프리맘 배려운동은 초기 임신부를 생활 속에서 보호하자는 캠페인입니다. 유산의 70~80%가 임신 14주 이내에서 발생해요. 저도 그랬고요. 그만큼 임신 초기에는 유산의 위험이 크다고 할 수 있습니다. 그때 우리가 행사를 시작하자 서울시 의사회와 국무총리실에서 관심을 보이기 시작했어요. 어쨌든 정부나 지자체의 관심으로 지하철에 임산부석이 생겼습니다. 제일 먼저 시작한 게 2호선이었어요.

강희진   임산부들이 앉는 자리 말씀하시는 거죠. 핑크색 자리?

허은아   맞아요. "배가 부르지 않아도 임산부입니다." 그게 저희가 만든 겁니다.

강희진　자료를 찾아보니 국회의원이 되시기 전에 생활 개선 운동을 많이 하셨더라고요. 가령 뒷사람을 위해 출입문을 잡아주기라든지 화장실 깨끗하게 사용하기 운동도 하셨어요. 어찌 보면 사소한 일일 수도 있는데, 어떤 계기로 이런 데 관심을 두게 되었죠?

허은아　저는 항공사 승무원과 매너 강사 출신입니다. 그것은 제 삶에서 너무나 중요한 부분이죠. 승무원들은 직업적으로 외국에 자주 나갈 수밖에 없는 사람들이에요. 그러다 보니 선진국에 가서 여러 가지를 많이 볼 수밖에 없어요. 그래서 좋은 문화나 습관은 우리도 받아들이는 게 옳다고 생각했습니다. 또한 매너의 관점에서 개선할 것들은 개선해야 한다고 생각했고요. 제가 이런 소소한 일들을 진행하니까, 좀 별나다고 하는 사람도 있었어요. 하지만 그 말이 특별히 기분 나쁘지는 않았습니다. 별난 사람의 입장에서는 문제를 느꼈을 때, 그 문제를 개선하고 올바르게 실천하려다가 보니 듣는 핀잔일 수 있으니까요. 그런 별난 사람이 없으면 세상이 변하겠어요? 저는 별난 사람들 때문에 세상이 발전했다고 믿어요.

강희진　당연히 국회의원이 가져야 할 태도라고 봅니다.

허은아 그렇게 생각해 주시면 고맙고요. 말씀드린 것처럼 비례대표 제안을 여러 번 받았어요. 당시에는 정치에 참여할 생각이 전혀 없었습니다.

게임 강제적 셧다운제 폐지의
숨은 뜻

강희진 2020년 11월 11일 〈게임 강제적 셧다운제 폐지 법안〉이
국회 본회의에서 가결됐고, 22년 1월 1일 폐지됐습니다.
이 법안에 대한 배경과 핵심 내용과 진행 과정을 설명해
주셨으면 합니다. 이게 일종의 규제 법안인데 10년 전에
보수당의 주도로 추진했던 법안으로 알고 있습니다.

허은아 맞아요. 저희 당에서 했습니다. 그러니까 강제적 셧다운
제 폐지 법안이 제게는 도전을 해야 하는 정책 중의 하나
였어요. 보수 쪽에서는 셧다운제 폐지를 잘 받아들이지
못했어요. 실제로 폐지 법안을 추진 중일 때 항의 전화를
엄청나게 많이 받았거든요.

강희진   의원님의 가치와 충돌한 셈이네요.

허은아   가치의 충돌이요? 처음 이 법안을 폐지해야겠다고 마음
             먹었을 때는 그런 생각을 하진 않았어요. 더 본질적인 문
             제는 셧다운제가 시대정신을 못 읽는 법안이라는 생각이
             들었습니다. 저는 기본적으로 보수 정당의 구성원이고,
             보수의 가치를 존중해요. 그러니까 국민의힘의 의원이 된
             거죠. 셧다운제가 합리적이었다고 생각했다면 폐지하겠
             다고 나서지는 않았을 겁니다. 셧다운제 폐지는 자율권을
             침해하고 있고, 무엇보다도 불합리한 법이기 때문에 폐지
             한 겁니다.

강희진   특정 시간, 주로 밤에 청소년들이 하는 게임을 규제하는
             법이죠?

허은아   요즘 세상에 밤낮이 어디 있습니까. 밤에 일하는 사람도
             있고, 낮에 일하는 사람도 있고. 또 게임이 직업인 사람들
             도 있단 말이죠. 책을 보는 것만 공부가 아닙니다. 공부란
             단어의 의미도 책을 보는 것으로 한정하지 않아요. 기술
             을 익히는 것도 공부예요. 아이들에게 책보기만을 강요했
             다면 BTS가 세상에 나왔겠어요? 이제 세계적인 피아노

연주자가 된 임윤찬은 밤을 새워 피아노를 쳤을 거잖아요. 그 친구한테 밤에 피아노를 못 치게 했다고 생각해봐요. 눈앞이 깜깜합니다. 또 앞으로 그렇게 될 친구들한테 밤 12가 넘었으니까 노래는 그만하고, 피아노 그만치라고 해야 하나요? 노래나 피아노만이 아니라 게임으로 밤새워 세계적 스타가 된 친구도 있단 말이에요.

강희진   맞는 말씀이네요.

허은아   지금 대한민국은 밤낮이 없이 돌아가는 세상이 됐어요. 그 때문에 한국 사람들이 일만 한단 말이 있지만, 또한 그 때문에 우리가 거의 모든 분야에서 압축 성장을 할 수 있었고, 세계적인 경쟁력을 가진 겁니다.

강희진   말씀하신 것처럼 그것 때문에 어두운 그늘이 있긴 하지만 급속 성장의 동력이 생긴 것은 분명합니다.

허은아   물론 저는 그렇게 죽기 살기로 일하고 공부하는 것은 반대합니다. 사람이 놀기도 하면서 살아야죠. 그래야 진짜 경쟁력도 생긴단 말이에요. 선진국은 다들 그렇게 하고요. 금요일부터 휴일인 나라도 있습니다. 하지만 노래하고, 악기 만지고, 게임을 하는 것이 재미가 있는 친구들은 어쩔 수 없습니다. 자기한테는 그게 노는 것이고 공부이니까요. 시대의 변화에 대한 이해가 부족한 법안이라고 할 수 있어요. 그래서 강제적 셧다운제를 폐지한 겁니다.

강희진 방금 말씀의 예들은 특별한 경우이고, 공부가 시급한 학생들이 게임에 몰입하는 것은 통제할 필요가 있지 않나요?

허은아 부모의 입장에서 자기 자식이 게임에 너무 빠지면 차단할 수 있는 법안은 남아 있어요. 그리고 이 법안의 또 다른 문제는 게임을 너무 부정적으로 인식하고 있다는 겁니다. 그게 시대 변화를 못 읽는 거죠.

강희진 그렇지만 게임 중독이란 말이 있습니다.

허은아 그 말 자체가 이미 게임에 대한 부정적인 인식을 바탕으로 삼고 있어요. 알코올 중독이나 마약 중독은 어떤 물질로 인해 중독됐고, 그 물질에 신체 기관에 이상 반응을 일으키는 현상입니다. 하지만 게임은 그런 게 아니란 말이죠. 우리는 공부를 열심히 하거나 노래를 열심히 부르거나 피아노를 죽어라 친다고 해서 중독이라고 하진 않습니다. 실제로 그런 일이 있으면 부모가 건강을 잃지나 않을지 걱정하거나 오히려 대견스럽게 여기죠. 그런데 게임은 중독이란 말을 붙여 낙인 효과를 만드는 겁니다.

그리고 게임은 지금 아이들에게 하나의 놀이 문화예요. 예전에는 오락실에 가면 누나나 오빠가 잡아 와야 하고, 못 가게 잡았단 말이죠. 우리 집도 명절 때 그랬거든요. 누나나 엄마한테 잡혀 와 잘못했다고 맨날 혼이 났단 말이죠. 솔직히 뭘 잘못했는지도 모르고 빌었어요. 다시 그러지 않겠다고.

강희진 돌이켜 보면 말이 되지 않는 코미디였네요.

허은아 요즘은 가정마다 아이들이 많지 않아 온라인 게임으로 친척끼리 소통을 해요. 그래서 아이들이 명절에 만나면 주로 게임 얘기를 한다고 해요. 그러니까 만나도 어색하지 않아요. 제 딸이 그래요. 시대 변화에 대한 이해가 좀 부족한 법안입니다. 제가 생각하는 자유의 관점에서도 벗어났고요.

강희진 그래서 용감하게 진행한 거네요.

허은아 만일 제가 하지 않았다면 이 법이 살아 있었을까요? 민주당이 폐지했을 겁니다. 그럼 우리는 민주당에 끌려갈 수밖에 없었어요. 결국 이 법은 민주당에 의해 폐지됐을 겁니다. 실제 비슷한 내용의 법안을 발의하거나 법안을 반대한 의원들의 면면을 보세요. 권인숙, 전용기, 류호정 등 민주당과 정의당입니다. 두 당은 청소년이나 청년에 관한 트렌디한 정책들을 많이 갖고 있어요. 그들은 청년이 자기들의 정치 세력이라고 믿고 있거든요. 전용기와 류호정 의원은 1990년 이후 출생한 그야말로 청년입니다. 이준석 대표보다 더 젊어요.

강희진 기왕에 없어질 법안을 먼저 폐기하신 거네요.

허은아 보수당에서 민원이 들어올까 봐 껄끄러워 못하는 것을 제가 한 셈이죠. 저는 이런 일을 하기 위해 국민의힘의 의원이 됐다고 생각해요. 그리고 솔직히 말씀드리면 제가 강제적 셧다운제 폐지해야겠다고 생각한 진짜 이유는 다른데 있어요.

강희진 지금까지 말한 이유 말고, 또 다른 이유가 있었나요?

허은아 사실은 아이들이 대부분 불법으로 게임을 하고 있었어요.

엄마 아이디 빌려서 하고, 형이나 누나 아이디로 하고 있었
단 말이죠. 그리고 스마트폰으로 찾아서 하면 다 해요. 이
법의 도입 초기부터 실효성이 없다는 지적이 있었는데, 10
년을 유지해온 겁니다. 그러니까 엉뚱한 법이 아이들한테
괜한 죄책감을 심어 준 거예요. 우리가 조선시대를 사는 것
도 아닌데, 아이들을 규제로 묶어 범죄자로 만들었어요.

강희진 그게 핵심이었군요. 그럼, 청소년들에게 포르노도 볼 수
있게 해야 하는 건 아닌가요?

허은아 아이들이 갖은 방법을 모두 동원해서 포르노를 보는 것
은 어쩔 수 없는 면이 있어요. 요즘은 단속할 수도 없잖아
요. 그런데 잘 생각해 보세요. 제가 이미지 전문가란 말입
니다. 성행위 장면을 영상으로 보는 것과 글로 읽는 것은
완전히 달라요. 글은 머릿속에 들어가 해석하는 과정이
꼭 필요하죠. 그것 때문에 인간이 글을 읽으면 의식이 고
양되는 게 아닙니까. 하지만 영상은 곧바로 머릿속에 이
미지로 입력돼요. 물론 인간의 심성을 살찌우는 이미지도
많죠. 하지만 포르노가 어린아이들에게 유익할 거라고는
믿지 않아요. 또한 포르노를 게임처럼 대부분 아이들이
즐기는 것도 아니고요.

반려란 말 속에
스며 있는 정체는 가족

강희진   새 정부의 국정 과제 가운데 하나로 '펫보험 활성화'가 발표된 이후, 반려인뿐 아니라 보험업계 그리고 반려동물이 주요한 관심사로 떠올랐습니다. 전후 사정에 대해 먼저 말씀해 주세요. 지금 추진하고 있는 펫보험에 대해 먼저 말씀해 주셨으면 합니다. 약간 낯선 개념입니다. 그리고 국정 과제로 선정되는 과정도 얘기해 주세요.

허은아   아시겠지만, 대통령께서 반려동물을 많이 키우고 있고, 일이 좀 쉽게 추진된 측면이 있어요. 대통령께서는 진짜 자식처럼 반려동물을 사랑하시거든요. 대통령의 자식이죠. 저도 딸 아들 같아요. 이건 안 키워본 사람은 모를 겁니다.

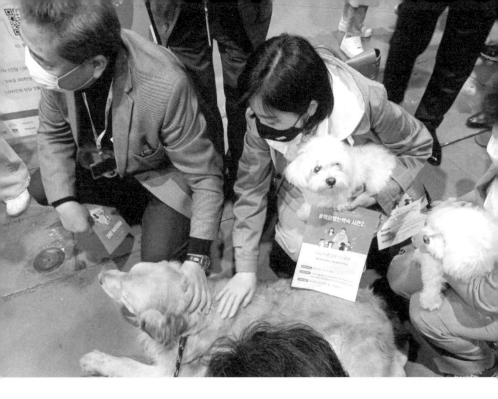

강희진   의원님도 반려동물을 키우시나요?

허은아   저는 강아지를 키워본 역사가 좀 되죠. 어떨 때는 남편과
제가 일 때문에 떨어져 있었어요. 그때 강아지를 키웠죠.
아이 때문에 강아지를 키울 수 없어 울면서 동생한테 보
냈어요. 그리고 앞으로 절대로 개를 키우진 않겠다고 결
심했죠. 내가 책임을 다하지 못하니까. 그랬는데 저희 딸
이 외동이라서 그런지 반려동물을 너무나 원했어요. 남편

이 너무 싫어하고, 몇 년 동안 반대했다가 그러면 저희가 약속을 하자고 했어요. 똥도 치우고, 산책도 시키고, 신경을 써야 할 일이 너무나 많다고 하니까 아이가 다 하겠대요. 그래서 약속을 받았고, 그 선물로 그럼 네 동생을 얻기로 하자고 해서, 반려견을 입양했어요. 그렇게 얻은 아이가 쫑이고, 쫑이가 5년 정도 됐을 때 아들을 낳은 거예요.

강희진 반려동물을 반려로 맞이한 역사가 깊군요.

허은아 쫑이라는 녀석이 몽이라는 녀석을 낳았죠. 그런데 원래 몽이와 송이가 함께 태어났는데, 송이라는 녀석이 태어나자마자 죽는 바람에 반려견의 죽음도 보게 됐죠.

강희진 둘을 낳은 거네요.

허은아 원래 반려견들은 강아지를 두세 마리는 낳아요. 둘이라 자연 분만을 잘할 줄 알았는데 못한 거죠. 그때 몽이라는 녀석을 절개수술을 통해 살려냈는데, 병원비용이 얼마나 부담스러운지 알았어요. 아직 잘 키우는 이유는 아이가 책임감을 느끼고 동생들처럼 잘 키워요. 아이 크는 데도 큰 도움이 됐죠. 자기가 동생들을 돌보는 바람에 덜 외로 웠을 것 같아요.

강희진 반려란 말 속에 가족이란 의미가 있으니까요.

허은아 개는 실제로 가족입니다. '펫밀리'라는 우리 당 국회의원 동아리가 있어요. 회원 두 분은 반려동물을 이미 저세상 으로 보냈어요. 저세상으로 떠난 강아지 때문에 자식 보 낸 것만큼 마음이 아파서 또 다른 반려견의 입양을 못 하 고 있어요.

강희진 반려동물을 좋아하는 사람들에게 그들은 패밀리죠. 펫보 험 활성화라는 것도 그런 차원이죠.

허은아 저는 펫보험 활성화 관련된 세미나는 하지만 그게 반려동 물과 비반려인 모두 다 행복한 사회를 만들기 위한 정책 중의 하나라고 생각해요.

강희진 펫보험은 반려동물을 키우지 않는 사람들에게 잘 와 닿지 않아요.

허은아 이게 중점은 아니에요. 반려동물에게 필요한 기본적인 정책들이 뭐가 있을까 찾다가 진료비 관련된 부분이 있어 추진한 겁니다. 진료비가 병원마다 들쑥날쑥해요. 진료 항목도 다 달라요. 어떤 분은 반려동물 병원비로 천만 원, 이천만 원도 쓰는 사람들이 있어요. 비반려인들이 보면 이해가 안 가죠. 비용의 관점에서 보자면 갖다 버리는 게 더 경제적인 선택이란 말이죠.

강희진 처음에는 이해가 안 됐지만, 가족이라고 하니까 이해가 되더라고요. 가족이 아프면 병원비 생각은 나중에 하게 되죠. 일단 치료나 완치가 먼저니까요.

허은아 그렇죠. 반려동물 치료비 표준화 법안을 제가 냈고, 그게 통과됐습니다. 내년부터 표준화가 될 겁니다. 의사가 2인 이상인 동물병원이 우선이고 그다음에 1년 더 지나면 1인 이상 의사가 있는 동물병원도 적용이 될 것입니다.

강희진 진짜로 반려동물의 시대가 오겠네요.

허은아 그런 시대는 아직은 멀었어요. 지금은 반려동물을 동물로 보지 않고, 그냥 가축이에요. 물건인 셈이죠. 그러다 보니까 반려동물이 죽으면 그냥 쓰레기통에 버려야 해요. 땅에 묻으면 불법이에요. 하지만 현실적으로 반려동물은 가족이니까 죽으면 장례를 치러야 한단 말이죠. 화장하지 않고 버리면 마음이 너무 아파요. 가족이 죽었다고 쓰레기로 처리할 수도 없잖습니까. 그래서 장례 문화가 활성화되고 있어요. 가족을 절대로 그런 식으로 보낼 수 없으니까요. 장례비는 말도 안 되게 고액인 경우가 있어요. 그것도 정책을 마련해 입법으로 기준을 만들어야죠. 그런 것들 위주로 제가 우선 좀 보고 있어요. 저는 유기견을 키우는 것도 물론 좋지만, 유기견이 생기지 않게 만드는 게 더 필요하다고 생각하는 사람이거든요. 성숙한 반려 문화 정착을 위한 입법 활동에 제가 좀 꽂혀 있어요. 그렇지만 저는 비반려인들에게 도움이 되는 그런 입법을 추진할 생각입니다.

미니 인터뷰 2

19 어릴 적 꿈은?
선생님, 방송국 PD.

20 학창 시절에 좋아했던 과목은?
수학.

21 어릴 때 별명은?
허돼지(초등학교 때, 잘 먹는다고.)

22 어릴 때 좌우명은?
하늘은 스스로 돕는 자를 돕는다.

23 혈액형은?
B형.

24 키는?
165.5cm.

25 발 크기는?
245mm.

26 자신의 얼굴 중 잘생긴 곳은?
눈.

27 보고 싶은 얼굴은?
아빠.

28 아침에 일어나는 시간과 밤에 잠드는 시간은?
오전 6시, 저녁 12시.

29 주량은?
소주 반병.

30 고유의 술버릇이 있다면?
뛰어다니기.

31 언제 혼술할까?
사람들에게 지쳤을 때.

32 좋아하는 음식은?
갓 담근 김장김치.

33 잊지 못할 은인이 있다면?
고3 선생님(항공운항과를 추천해 주신)

34 가족에게 한마디 하라면?
고맙습니다.

35 남편에게 들려주고 싶은 노래는?
옥상달빛의 〈수고했어, 오늘도〉.

36 꿈에 아버지, 어머니를 만나면 하고 싶은 말?
잘 살아가고 있으니 걱정하지 말아요.

바로보고 새로쓰다

허은아

Part 2

PI 전략가,
여의도를 선택하다

당의 때를
벗겨 달라는 말

강희진 국민의힘 의원으로 영입된 과정에 대해서 좀 구체적으로
말씀해 주세요.

허은아 제 자랑이라 좀 민망합니다. 당시 저는 이미지 업계, 그
러니까 이미지 전략이라는 분야가 중요하다는 것이 강조
되면서 업계나 관련 업계 사람들의 주목을 받았어요. 그
럴 때 보수 정치권 중에서 제게 도움을 요청해온 거죠. 인
재 영입 팀에서 연락이 왔었고. 하지만 거절했어요. 왜냐
하면 그동안 고생해서 이룩한 사업이 좀 안정될 때였습니
다. 그뿐이 아니었죠. 대학교에서 테뉴어를 받아서 교수
가 됐어요. 저는 교수가 됐다는 사실은 매우 중요하게 생

각하고 있었어요. 인생에서 중요한 것을 이룩했다고나 할까요.

강희진 평생을 보장받을 수 있는 교수가 됐다는 것은 저는 몰랐고 놀라운 일입니다. 하지만 대학에서 주목할 만한 논문을 쓰셨고, 그것을 바탕으로 자기만의 독특한 분야를 만들었으니까 교수가 된 것은 어쩌면 당연한 일 같은데요.

허은아 그렇게 생각할 수도 있어요. 남들이 그렇게 말할 겁니다. 하지만 사람마다 각자 중요하게 여기는 가치가 있게 마련이죠. 저는 어느 정도 자리를 잡아 돈을 벌려면 많이 벌 수 있었습니다. 정치 분야 말고도 기업 쪽에서 저를 원하는 곳이 많았으니까요. 하지만 저는 돈을 좇는 사람이 아니에요. 가치를 좇아 움직이는 사람입니다. 대한항공에서 승무원으로 일 잘하고 있다가 왜 박차고 나왔겠어요. 물론 그때 몸이 좋지는 않았지만, 끝까지 버티려고 마음먹었다면 일정한 성취를 이룰 수 있었을 겁니다. 저는 돈보다는 제가 하고 싶은 대로 기업을 하고, 그동안 제가 공부하고 개발한 이론들을 후학들에게 가르치고 싶었어요. 그리고 정치에 발을 들여놓는 순간 그동안 제가 쌓아 올린 일들을 못 하게 되잖아요. 제 입장에서 보자면 먼저 경력이 단절될 수 있었습니다. 그리고 국회의원이 딱 망가지기 좋은 직업이란 말이죠. 망가진단 말이 여러 가지 의미가 있겠지만요. 하여간 제게는 되게 고민이 많은 시점이었어요. 그리고 결론은 내가 할 일은 아니라고 생각했죠.

강희진   누가 찾아왔나요?

허은아   당시 자유한국당의 염동렬 위원장께서 직접 찾아오셨어요. 당시 기사도 많이 났는데, 회사로 저를 찾아오셨더라고요. 그런데 당시의 당 지지율이 너무 엉망이었어요. 더구나 2020년 총선 앞에 치러진 지자체 선거에서도 거의 참패했단 말이에요. 아마 당시가 문재인 정권이 최고의 상승곡선을 그리고 있을 때였을 겁니다. 그런데 누가 자유한국당에 가려고 했겠어요.

강희진   맞아요. 당시 문 정권은 북한의 김정은과 핵 문제로 딜을 하면서 정국을 주도했죠. 그 판에 트럼프까지 끼어들어 세계적인 이슈를 만들었습니다. 당시 자유한국당 입장에서 보자면 눈앞이 깜깜했겠죠. 그런 상황이라 의원님 같은 참신한 인재의 영입이 필요했겠네요. 그때까지 의원님은 너무 좋은 이미지를 갖고 있었던 것 같습니다.

허은아 위원장님이 설득력 있게 말씀을 하셨어요. 그분은 제가 나라 사랑의 마음이 있다는 것을 알고 계셨던 것 같아요. 제가 국가의 가치를 높이는 일을 많이 해온 편이거든요. 아마 그런 자료를 미리 숙지하고 왔는지, 아니면 평소에 저의 일을 유심히 봐 왔을 수도 있고요. 아무튼 우리 당을 살려 달라, 나라를 바로 세워야 하지 않겠냐? 보수가 망하면 이 나라가 어떻게 되겠냐? 특히, '당의 때를 벗겨 달라'는 식의 얘기를 했어요.

저만의 능력으로는 보수의 때를 벗기기도 힘들고, 무엇보다도 두려웠어요. 제가 이미지 전략으로 성공시킨 정치인들의 말로를 다 살펴보니 걱정이 앞섰습니다. 잘 된 사람도 있지만, 감옥에 간 사람도 있었으니까요. 그러니까 더더욱 나갈 수가 없겠더라고요. 솔직히 겁나서라도 갈 수가 없었어요. 그런 얘기는 못 했지만, 하여튼 그랬는데, 어느 순간 정치를 하면 제가 뭔가 가치 있는 일을 할 수 있겠더라고요. 그리고 정치는 지금이 아니면 안 되겠구나, 그런 생각이 한꺼번에 들었어요.

강희진 의원님께 중요한 것은 의미이고, 가치였던 모양입니다.

허은아 맞아요. 정신없이 일에 취해 살 때는 그런 생각을 하지 못

했는데, 살면서 어느 정도 여유가 생겨 자신을 돌이켜보니까 실제로 제가 가치있는 일에 보다 큰 의미를 부여한다는 것을 알겠더라고요. 또 저는 항공사 승무원으로 외국에를 자주 오가게 되면서 국가관이 싹텄고 우리나라가 선진국처럼 발전했으면 좋겠다는 생각을 다른 사람에 비해 많이 하는 편이었어요. 국회의원이 되기 전에도 이런저런 공익적 활동을 했는데, 그것은 아마도 그런 저의 국가관 때문일 겁니다. 염동열 위원장님이 그런 제 마음에 불을 질렀어요. 그래서 저는 거절하지 못하고 제게 생각할 시간을 달라고 말을 하게 된 겁니다.

강희진 거절의 시간에서 생각의 시간으로 바뀐 셈이군요.

허은아 그렇죠. 그게 아마 12월인가? 그랬던 것 같네요. 제가 위원장님께 고민해 보겠다고 했죠. 그런 중요한 문제를 저 혼자 결정할 수 없었어요. 남편과 아이 얘기도 들어봐야 했으니까요. 그리고 그때 저를 추동시킨 것은 조국 교수 사태였어요. 조국 사태는 저처럼 살아온 사람들, 부모가 가진 게 없는 사람들, 돈이 없는 사람들을 절망하게 만들었습니다. 저는 가난하고 힘없는 청소년들을 위한 사다리가 있어야 한다고 생각하거든요. 늘 그런 생각을 해 왔어요. 왜냐면 저도 그렇게 살았으니까요. 저는 항공사 승무원으로 시작해서 여기까지 왔습니다. 저는 철저하게 '을'이었습니다. 저처럼 을로 태어난 사람들이 큰 포부를 가지고 성장할 수 있도록 사다리를 만들어주고 싶었어요. 가족들도 그런 일을 할 수 있다면 모두 찬성이라고 했어요. 국회의원 한 사람이 그런 것을 다 할 수는 없겠지만 미력이나마 기틀을 만들 수 있을 거라고 생각했어요.

저는 국회의원이 되어 우리 공동체를 위해 을을 위한 예측 가능한 사다리를 놓고 싶었어요. 그런데 막상 국회의원이 되고 보니 녹록한 상황이 아니네요. 하지만 국회에서 끝까지 제 뜻을 이룰 생각입니다.

강희진 당시 비례대표 19번이었죠?

허은아 맞습니다. 사실 비례대표로서는 당선되기 어려운 순번이었어요. 걱정은 했는데 당선이 되어 다행이었습니다.

지도자의 철학과 사상을 드러내는
유용한 도구?

강희진　의원님은 국회의원을 한 지는 얼마 되지 않았지만, 이미
　　　　지 전략가로 정치판에서 꽤 오랫동안 유명세를 타신 걸로
　　　　압니다. 의원님이 만난 분들은 대부분 당대 최고의 정치
　　　　인들이었습니다. 보통 사람들은 평생 한 번 만나기도 힘
　　　　든 정치인이죠. 더구나 의원님이 하는 이미지컨설팅은 정
　　　　치인을 포장하는 것이 아니라고 규정하셨는데 그러면 의
　　　　원님은 무엇을 하는 사람이라고 정의할 수 있을까요?

허은아　이미지컨설팅도 중요해요. 이미지는 기본적으로 감각 중
　　　　에 시각이 많이 의존하는 영역이기 때문에 이미지를 디자
　　　　인해야죠. 하지만 진짜 중요한 것은 정치인의 사상을 드

러내는 겁니다. 꼭 대통령이 아니라고 해도 지도자가 되고자 하는 사람은 자신이 살아온 당신만의 스토리가 있겠죠. 또한 공부를 통해 얻었거나 경험을 통해 얻었거나 어쨌든 자신의 세계관, 가치관 그것을 응집해 국민을 향해 드러내고자 하는 가치가 있을 것이고, 그것을 사상이라고 할 수 있겠죠. 제가 하는 일은 이미지를 통해 그 지도자의 철학과 사상을 국민에게 보여주는 겁니다. 이미지컨설턴트 역시 그 지도자의 철학과 사상을 보여주는데 복무해야 합니다. 그래서 저는 제 스스로 이미지컨설턴트가 아니라 이미지 전략가라고 정의하고 있습니다.

강희진   결국 이미지는 그 지도자의 철학과 사상을 드러내는 유용한 도구인 셈이군요.

허은아   그렇다고 할 수 있습니다. 제가 자신을 스스로 PI(President Identity) 전략가라고 칭하는 이유입니다.

강희진   PI가 맞는 표현이겠군요. 그러면 PI 전략가로서 지도자들을 가까이에서 지켜봤고, 그것도 선거라는 아주 극적인 순간을 함께 하셨습니다. 또한 의원님은 스스로 국회의원이 되어 열심히 의정활동을 하고 계십니다. 막연한 질문

같기는 합니다만 의원님께서 생각하는 정치란 무엇입니까?

허은아 정말 어려운 질문입니다. 처음 제가 비례대표를 제안받았을 때, 또 당선되었을 때는 아까 말한 것처럼 하고 싶은 일이 명확했기 때문에 나름대로 정치를 정의할 수 있었어요. 하지만 국회의원의 일도 세상일과 별반 다르지 않아 쉽지 않고, 마음대로 되지 않아요. 세상에서 작은 것을 얻으려고 해도 시간이 필요한 것처럼 국회의 일도 마찬가지예요. 그러니까 제가 정치는 이런 것이다, 정치란 저런 것이라고 정의하기는 어렵습니다. 다만 제가 종종 펼쳐보는 책이 있습니다. 로버트 그린이 쓴 『권력의 법칙』입니다. 이 책의 저자가 바라본 권력은 암투가 난무하는 세상입니다. 동지도 적도 없는 세상이라고 할 수 있습니다. 하지만 허구가 아니라 모두 사실을 기록한 내용입니다. 저는 정치란 바로 그런 권력의 속성, 불안전하고 추악함 속에서 선함을 추구하는 것이라고 믿습니다. 흔히들 인간에게는 두 가지 모습이 있다고 하지 않습니까. 하나는 사악함이고 다른 하나는 선함일 것입니다. 그런데 현실 속에서는 사악함이 인간의 모습인 경우가 많습니다. 저는 정치란 바로 그런 사악함 속에서 선함을 추구하는 것으로 생각합니다. 그리고 정치가 잘되지 않는 것은 인간이 본질적으로 선한 에너지보다 이기적이고 악한 에너지가 많기 때문일 겁니다. 너무 추상적으로 말씀드린 것 같은데, 현재로서는 이런 답변 외에 달리 드릴 말씀이 없습니다. 하여간 저는 국회에서 원래 제가 가졌던 마음을 현실화시키기 위해 열심히 일하고 있습니다. 그 말이 정치가 무엇이냐고 물었던 질문에 대한 저의 답변입니다.

강희진 좀 더 부언하자면 국가의 가치를 높이고, 정치적 약자들을 위한 예측 가능한 사다리를 놓으려는 계획이 정치인 셈이네요.

허은아 네. 그래야만 희망을 갖고 살 수 있는 나라가 되겠죠. 또한 국가 브랜드의 가치도 높여야죠. 우리가 선진국이 됐으니 선진국에 맞게 말이죠. 거기에 제가 역할이 있다고 생각해요. 저는 정치란 아주 신중해야 한다고 생각합니다. 제가 선과 악을 양분해서 말씀드렸는데, 현실 정치에서는 문제 해결이 그리 단순하지 않아요. 무슨 말이냐면 특정 분야 사람들이 경제적으로 취약하다고, 돈을 직접 나눠 주는 식의 정책을 펼쳤다고 합시다. 그것이 복지 정책이든 뭐든 말이죠. 그 특정 분야의 사람들은 몰락하는 경우가 발생하기도 해요. 한국에서도 그런 일이 있었고요. 그들에게 돈을 직접 주지 않고, 그들의 일을 잘 할 수 있도록 시스템을 정비하는 것이 오히려 도움이 될 수 있어요. 저는 그것이 바로 정치라고 생각해요. 그러니까 정치는 불우이웃 돕기와 달라요. 좀 극단적인 예를 들긴 했지만, 정치란 고도의 공학적인 작업이란 말씀을 드리고 싶었어요.

강희진 의원님의 말씀을 들으면 정치란 곡예사의 줄타기와 비슷한 점이 있네요. 곡예는 아래에서 보면 재밌지만, 곡예사 본인에게는 아주 위험한 일을 하는 거잖아요.

허은아 위험해도 결국 정치는 국민을 설득해가는 과정이기에 정치인은 자신이 옳다고 믿는 그 길을 갈 수밖에 없을 것 같아요. 하지만 늘 조심해야죠. 곡예사는 떨어지면 자신만 다치지만, 정치인이 무엇인가를 잘못하면 국민이 다치게 되니까요.

공정한 경쟁과
청년정치

강희진   이제 의원님도 직업적인 정치인이니까, 자신의 지지층을 보고 신념을 실천해야 할 것 같습니다. 주로 어떤 사람들이 의원님을 지지하고 있다고 보십니까?

허은아   제 경우에는 보수니까 그저 맹목적으로 지지하는 사람들보다는 합리적인 사람들이 많은 것 같아요. 합리적인 보수, 그렇게 말할 수도 있고요. 그리고 제가 열심히 살아왔던 점을 높이 평가해 주는 사람들이 많아요. 그리고 바쁘게 의정 활동하니까 그것에 높은 점수를 주는 분들도 많고요.

강희진 기존의 보수 지지층과 결이 좀 다른 것 같군요.

허은아 지지층이 다르다기보다는 기존의 보수 지지층에 더해진 확장성이 있다고나 할까요? 진보는 아닌 분들 중에서 보수와 중간지대 지향적인 분들께서 제 모습과 활동을 통해 보수 지지의 이유를 찾으신다고나 할까요?

강희진 보수 쪽에서 지지층의 변화가 보인다는 말씀입니까?

허은아 다시 말씀드리면, 지지층 변화가 아니라 지지층이 확대되고 있다고 봅니다. 전통적인 보수 지지층에 더해 우리사회 진보세력의 말과 행동의 괴리에 실망한 분들이 진화하는 보수, 합리적이고 미래지향적인 보수, 이념보다 일을 열심히 하는 보수에에 눈을 돌리고 응원을 하는 분위기가 느껴지는 것 같아요.

강희진 다른 말로 지지층 중에 중도층이 많아졌다고 볼 수 있습니까?

허은아 한마디로 그렇게 말씀하실 수 있겠네요. 또한 중도층 중에는 정치적 성향 때문이 아니라 그냥 열심히 일하는 정치인을 지지하는 분들이 있어요. 제 지지층에 그런 분들이 많은 것 같아요. 주변을 살펴보면 '나는 보수도 진보도 중도도 모른다', '그런 것이 무슨 소용인가?' '나는 일 잘하는 정치인을 원한다' 등등의 얘기를 하는 분들이 많으시거든요. 제 나름대로 정의해 보면 지금 시대는 일하는 생활 정치인을 요구하고 지지하는 시대라고 생각합니다.

강희진 그것은 바람직한 현상이 아닐까요. 그동안 한국 정치는 너무 진보다, 보수다 이런 식으로 양분되어 있었어요.

허은아 국민께서는 생활형 혹은 민생 문제를 해결하려고 노력하는 정치인들을 선택해 주었으면 좋겠습니다. 사실 한국 정치의 지향은 정확히 진보와 보수로 나뉘어 있는 것도 아니거든요. 국민의힘과 민주당의 정강 정책을 보고 그렇게 많은 차이가 생기지 않을 것 같습니다. 오히려 지역 정당의 성격이 훨씬 강하죠. 그래서 저는 일 잘하는 정치인을 선호하는 것이 한국의 미래를 위해 바람직하다고 생각해요.

강희진 실사구시, 정치는 이념의 장이 아니라 기본적으로 정책을 개발하고 일을 하는 곳이라고 주장한 사람은 이준석 전 대표입니다. 그래서 그는 문과 출신이 아니라 이과 출신의 지도자를 높이 평가하더라고요. 그들은 이념보다 실용적인 사고를 우선한다는 것이죠.

허은아 저는 이준석 대표의 말에 전부 동의하는 것은 아니지만 그 말은 와닿네요. 저도 문과 더구나 철학을 전공한 사람이긴 해도 대학원에서 광고와 마케팅을 전공해 대단히 실용적인 일을 하고 있다고 자부합니다.

강희진 경영학이 실용적인 학문이죠. 그런 측면에서 이과에 가까운 학문이고요. 그런데 이준석 대표와 어떤 부분에서 결이 다르단 말씀이죠.

허은아 이 전 대표가 출간했던 책이 『공정한 경쟁』이었죠. 저도 읽었습니다만 그 책에는 그분의 사상이 집대성되었다고 봐요. 이 전 대표는 젊은 정치인이니까, 앞으로는 생각이 바뀔 수 있겠지만 현재까지의 생각은 저와 정확하게 일치하지는 않아요. 그가 말한 공정은 저처럼 열악한 환경에서 출발한 사람들에 대한 배려가 부족해요. 똑같은 선에서 출발하는 것이 공정이라고 생각하는 것 같아요. 그것은 아마도 이 전 대표 자신이 그런 경쟁을 뚫고 과학고,

하버드까지 갔고, 오늘의 자신을 만들었기 때문일 겁니다. 하지만 저는 이 전 대표 세대와 제가 생각이 다를 수 있다는 것을 인정합니다. 저와 이 전 대표가 태어나 성장했던 환경은 경제, 사회, 문화적 측면에서 질적으로 달랐기 때문에 공정과 정의에 대한 관점이 다를 수가 있다고 생각해요. 그리고 지금의 20대, 30대 세대의 정서와 생각들은 이 전 대표와 가까울 것이고요.

강희진 의원님이 생각하는 공정은 무엇입니까?

허은아 오세훈 시장의 발언이 기억에 남는데요, 담벼락에서 바깥을 바라보려면 키가 큰 사람은 좋겠지만 키가 작은 사람도 있기 때문에 우리는 그들을 위해 사다리를 놓아 줘야 한다고 했어요. 저도 오 시장님의 말씀에 깊이 공감하고 있어요. 물론 모든 조건이 평등해야 한다고 생각하지 않아요. 공산주의 사회에서조차 그것은 달성할 수 없었던 가치였을 테니까요. 소박하게 말하면 아이들이 교육받을 때, 이재용 회장의 딸하고 제 딸이 그렇게 많은 차이가 나면 안 된다고 생각해요. 제가 꿈꾸는 정치는 바로 그런 시스템을 만드는 겁니다.

보수의 이미지 100년
성공 전략

강희진   다시 정치에서의 PI(President Identity) 전략 얘기를 해 볼
게요. PI 전략이라면 언뜻 보수보다는 진보가 먼저 떠오
릅니다. 이미지 전략으로 정국을 주도하고 변화를 시도한
다는 의미에서 그렇습니다. 진보의 속성 그 자체가 본래
변화를 전제로 하고 있잖습니까? 그래야 제대로 된 진보
라고 할 수 있겠죠.

허은아   실제로 이미지 정치는 진보가 훨씬 더 적극적이죠. 특히
우리나라에서 '진보'라면 실제와는 별개로 80년대 운동
권 집단이 주도하잖아요. 그들은 대학 학생운동권 시절부
터 전략적인 대중선전에 익숙하고, 이미지화한 선동에 매

우 잘 훈련이 돼 있잖아요. 그 이념 역시 대단히 공격적이지만 대중에겐 역동적인 이미지를 주죠. 그래서인지 실제로도 586 정치인들은 말을 잘하고 얼굴도 자유자재로 자주 바꾸는 것 같습니다. 그동안 능변과 가면이라는 것이 진보의 전유물이었습니다. 어쨌든 변화는 부정적인 의미가 아니라 긍정적인 느낌을 주잖아요. 반대로 보수의 이미지는 변화보다는 기존 가치를 지키는 이념이라고 여겨지고 있어요. 그래서 국민들에게 비치는 이미지가 보수는 변화보다는 안정을 추구하고, 진보는 뭐든지 새로운 것을 빨리빨리 받아들이고 변화를 추구한다는 것입니다. 이것이 실제와는 다를 수 있는데 그렇게 연상되는 거죠. 그렇게 보수의 이미지가 가치를 지키고, 가족을 중시하는 태도, 성을 지키는 수성(守城)에 포인트가 맞춰져 있다 보니 제가 생각하는 PI 전략, 보수 이미지 전략과 잘 매칭이 되지 않는다고 생각하는 경우가 많은 것 같아요.

강희진　네, 제 생각도 그렇습니다.

허은아　그런데 사실 보수는 지키기만 하는 것이 아니잖아요. 사회의 안정적 발전과 가치를 지키기 위해서라도 진화하지 않으면 안 되니까요. 그래서 진보가 보다 급진적인 사회

변화를 추구한다면, 보수는 돌다리도 두들겨보면서 사회 구성원의 의식변화와 함께 가는 점진적인 변화를 추구한다고 할 수 있어요. 그러니까 보수에 대한 일반적인 느낌과 이미지가 변화보다 가치를 지키는 것에 있다는 것은 보수정치가 PI 이미지 전략에 실패했다는 것을 말해줍니다. 사실 보수가 낡은 가치를 지키는 것이 아니고, 그러한 가치도 시대변화에 따라 항상 변할 수밖에 없는데 말이죠. 사회 안정성을 추구하면서 변화하려 하는 것, 그것이 보수의 진화잖아요. 그런데 저는 보수가 시대에 맞게 변해야 한다고 봐요. 보수가 가장 중요하게 생각하는 자유나 공정, 가족이나 공동체의 개념도 시대에 맞게 변화할 때 힘이 있다는 겁니다. 변하고 진화하지 않으면 보수가 아니라 수구 꼴통이 되는 것이죠. 보수 역시 자유와 인권, 민주주의도 중요하게 생각합니다. 또한 혁신도 매우 필요하고 중요한 가치예요. 저는 사회적 양극화가 점점 더 심화되는 시대에는 지난 대선에서 윤대통령이 화두로 제시했던 '약자와의 동행'이 보수의 핵심적인 가치가 될 수 있다고 생각합니다.

강희진　무슨 말씀이신지 알겠습니다. 변화가 진보의 전유물이란 말은 일종의 편견인 것 같습니다. 보수도 점진적인 변화를 추구하고, 또한 보수의 가치를 더 잘 지키기 위해서라도 시대에 맞게 변화하고 혁신하며 진화해야 한다는 진단에 깊이 공감하는 바입니다.

허은아 과장되게 말하면 조선시대의 가치를 지금까지 갖고 있을 수는 없습니다. 보수의 가치를 지키기 위해서는 변화해야 하는데, 그 변화의 속도에 관해서는 이런저런 얘기를 할 수 있겠죠.

그래서 저는 '보수의 이미지 100년 성공 전략'을 준비해야 한다고 생각해요. '새로운 페르소나' 즉 가짜의 가면을 가지라는 것이 아니라 우리 것을 제대로 보여줄 수 있는 다양한 얼굴을 가져야 한다는 거죠. 보수가 생각하는 소중한 가치를 지키기 위해서라도 세상의 변화에 발맞춰 살아야 합니다. 다만 너무 급진적이어서 사회구조나 구성원이 그것을 따라가지 못하는 변화를 말하는 것은 아닙니다. 지금까지 제가 살아왔던 것도 그렇고, 국회에서 2년 동안 해왔던 일도 그래요. 저를 지켜본 분들은 알겠지만 제가 당의 의견과 충돌하면서 무엇을 빠르게 추동한 적은 없어요. 원래 그렇게 급격한 변화는 제 스타일이 아닙니다. 변하지 않는 듯 변하는 것이 진짜 변화입니다. 그래야만 구성원들도 그 변화를 무리 없이 받아들일 테니까요.

'보수의 이미지 100년 성공 전략'이나 '새로운 페르소나'는 시간을 갖고 구성원들이 함께 만들어갈 수밖에 없어요. 보수의 가치가 그러한 변화 속으로 녹아들어가게 하려면 무엇보다 다수의 국민과 함께 가야 하기 때문에 더더욱 서둘러서 될 일은 아닙니다.

강희진 이해를 돕기 위해 조금 정리해 주신다면 어떨까요.

허은아 보수의 PI 전략이 성공하기 위해서는 100년은 이어질 수 있는 '브랜드'를 만든다는 생각으로 접근해야 합니다. 보수나 진보라는 이념도 하나의 브랜드이고 국민의힘, 민주당, 정의당 같은 정치 집단인 정당도 그렇습니다. 그런데 브랜드라는 것이 어느 날 갑자기 불쑥 만들어지고 금방 생기는 것이 아니잖아요. 삼성, 엘지, 롯데 등의 기업들이 자신의 브랜드를 얼마나 오랜 세월 동안 어떤 과정들을 거쳐 만들어 왔을지 한번 생각해 볼 필요가 있습니다. 브랜드는 일관된 모습을 보여줄 때, 그 브랜드의 가치가 자연스럽게 떠오르게 되잖아요. 갑자기 준비해서 되는 게 아닙니다.

한 사람의 국회의원을 봐도 저마다 쌓아 온 브랜드가 있을 겁니다. 저도 국회의원으로서 2년 동안 제가 추구하는 일관된 가치에 따라서 진행한 겁니다. 제 사무실 창문에 적혀 있는 세 가지 '자유, 공정, 혁신'처럼 말이죠. 저는 그 가치에 맞춰서 정책들을 추진해 왔습니다. 말하자면 브랜드 이미지 전략을 한 사람의 국회의원 차원에서 실행한 셈이죠. 제가 하는 일은 브랜드를 만들고, 가치를 디자인하는 겁니다.

강희진 보수의 가치를 제대로 지키기 위해 이미지는 물론 가치의 디자인도 필요하다는 말씀이네요.

허은아 그렇죠. 오히려 진짜 이미지 전략이 필요합니다. 진보는 그 말의 의미처럼 가치 자체가 항상 변화를 전제한 것이니, 이미지 전략이 없어도 무방하죠.

강희진 그러면 앞으로의 보수 이미지 100년 전략에 대해 의원님께서 생각하시는 전략 중에서 한 가지 정도 맛배기를 보여주세요.

허은아 제가 앞에서 보수의 가치인 '자유, 공정, 혁신'의 가치를 지속적으로 구체화 해 제시하고 그것을 시대에 맞게 발전시켜 가는 가치디자인을 말씀드렸는데요, 그것이 하나의 큰 전략이라고 생각해요. 그런 가치의 정립이라는 기반 위에 '이미지 페어링 전략'(Image-pairing strategy)이라는 기둥을 세우자는 말씀을 드릴게요.

강희진 이미지 페어링은 처음 들어보는 용어인데요, 앞에서 말씀하신 큰 흐름의 PI 전략과는 다른 건가요?

허은아 PI 전략의 여러 가지 방법론 정도로 생각하시면 됩니다.

이미지 페어링 전략을 간략히 설명한다면 '친구를 보면 그 사람을 알 수 있다'라는 말처럼 짝지어진 리더의 이미지로 비전을 제시하는 전략이라고 할 수 있을 것 같아요. 로마의 삼두정치에서 율리우스 케사르는 민중을 위해 로마의 개혁을 추구하는 변혁적 영웅이었다면 폼페이우스는 우직한 전쟁 영웅이었죠. 그런데 대조적인 이미지를 지닌 이 두 사람의 결합은 대중들에게 두 사람이 함께 한다면 각자의 부족한 부분을 서로 보완해 주므로 로마의 미래를 맡겨도 되겠다는 안정감을 갖게 했습니다. 즉 정반대의 캐릭터를 지닌 인물들이 페어링 되어 리더십에 시너지 효과를 가져온 것입니다.

강희진 사례를 들어보니 이미지 페어링이 어떤 것인지 바로 다가오는데요. 말하자면 우리나라에서는 DJP연합이 그런 사례 중의 하나일 수도 있겠다는 생각이 듭니다.

허은아 저는 DJP연합 정권은 호남과 충청이라는 지역연합이라는 관점에서는 일시적인 것이라 페어링이라 하기 어렵지만 김대중 대통령이 지녔던 급진적 정치인 이미지를 김종필 전 총리의 안정적인 이미지가 보완해줬다는 점에서 이미지 페어링 효과가 있었다고 생각해요. 다만 그것은 결합력이 약해서 지속되기 어려운 페어링이었다고 봐요.

강희진 그렇다면 허은아 의원님께서 생각하는 앞으로 보수의 100년을 끌고 갈 이미지 페어링 전략은 어떤 것인가요?

허은아 저는 지난 2021년 서울시장 재보궐선거와 제20대 대통령선거를 통해 우리가 이미 보수의 이미지 페어링 전략의 단초를 봤다고 생각해요. 청년 세대와 기성 세대의 페어링이 그것입니다. 이 전략을 자유, 공정, 혁신의 가치에 기반해 지속적으로 이어갈 수 있다면 보수의 성공적인 PI 전략이 될 수 있다고 보고 있어요. 서울시장 선거에서 서울의 정책 전문가이자 안정적인 정치리더로서의 이미지를 가진 오세훈과 2030세대를 대표하는 이준석의 케미는 매우 큰 시너지를 형성했어요. 그리고 그것은 일회성이 아니라 청년의 정치와 기성세대의 정치가 함께 상호보완재가 되어 나라를 이끌어 갈 수 있겠다는 가능성을 보여줬다고 생각합니다. 그리고 대선에서는 말하자면 '세대 포위론'이 위력을 발휘했었는데요, 마찬가지로 기성세대를 대표하는 윤석열 대통령과 청년세대의 목소리와 비전을 제시한 리더 이준석이 이미지 페어링 됐다고 봅니다. 물론 윤석열과 이준석의 페어링은 삐걱대면서 비틀거렸고 지방선거를 거치면서 연결 고리가 끊어져서 시너지를 상실했지만요. 그래서 절반의 성공이라 좀 아쉬움이 크다고나 할까요.

강희진 네, 그러고 보니 의원님 마음 속에는 이미 보수의 중장기적인 PI 전략, 그 중에서 청년정치와 기성세대 리더십이라는 이미지 페어링 전략이 이미 구체화 돼 있다는 생각이 듭니다.

허은아 이미 구체화 돼 있지는 않고요. 다만 보수의 미래에서 사회적 약자와 혁신 세대라는 양면을 지닌 청년 세대를 반드시 아울러야 하고 지금부터 그것을 준비해야 한다는 것은 분명한 것 같습니다.

강희진 앞으로 혁신 보수의 가치를 디자인하고, 그에 기초한 이미지 페어링 전략을 현실속 보수 정치에서 기대하겠습니다.

명불허전
보수다

강희진　지금 의원님이 여러 미디어에서 활약이 돋보이고 또 국민
　　　　 의힘의 미래전략을 고민하고 계신데요, 처음 국회의원이
　　　　 되었을 때의 감회를 들어보고 싶군요.

허은아　프리맘 운동을 할 때도 사람들이 제게 정치를 할 생각이
　　　　 냐고 많이 물었습니다. 이후 이런저런 사회 활동을 많이
　　　　 했기 때문에 그런 말을 자주 들었죠. 벌써 10년이 훨씬 넘
　　　　 게 들어왔던 말입니다. 정치할 마음이 있었다면 벌써 했
　　　　 겠죠. 구의원이나 시의원부터 출발했을 수도 있었고요.
　　　　 저는 풀뿌리 민주주의가 민주주의를 지키는 보루라고 생
　　　　 각해요. 또 공천 제의가 많았고요. 당시는 이런저런 이유

로 거절했죠.

분명한 것은 제게 정치적인 성향은 있었던 것 같아요. 하지만 성향이 있다고 다 정치를 할 수 있는 건 아니잖아요. 당선됐을 때, 무척 기분이 좋았지만 다른 한편으로 엄청나게 미안했어요. 기분이 좋았던 것은 당시의 상황으로 봐서 제가 당선될 것이라는 생각을 전혀 못 했거든요. 기왕 하기로 마음먹고 시작한 일인데 당선이 되면 좋지만 형편이 좋지 못했죠. 저는 비례 19번을 받았고, 당시 상황에서는 당선이 힘들었다고 했어요. 어쨌든 제가 열어둔 모든 문을 닫고 국회의원이 된 셈입니다. 무척 운이 좋았던 것이고, 또한 제 운명이기도 했습니다. 국회의원이란 엄청난 자리를 하늘의 뜻이 없었다면 어떻게 될 수 있었겠어요.

마음 편하게 기뻐할 수 없었던 이유는 저보다 뒤쪽의 번호를 받고도 열심히 뛰었던 분들 때문이었죠. 젊고 유능한 분들이 많았거든요. 그리고 제가 우리 당의 꼰대 이미지를 벗길 수 있을까? 당 브랜딩을 잘 할 수 있을까? 새롭게 디자인할 수 있을까? 그것 때문에 저를 직능 비례로 뽑았을 테니까요. 그런 걱정이 물밀듯이 밀려왔어요. 지금 말씀드린 것은 처음 느낀 감정이었고, 실은 걱정도 많이 했어요. 제가 이미지 전략가로서 일을 많이 했고, 이름도 제법 알려진 기업인이었는데, 국회의원을 하면 경력 단절될 수 있단 말이죠. 앞으로는 PI를 하더라도 보수당 안에서만 할 수밖에 없고요. 예전에는 여야, 기업 전부가 제 고객이었습니다. 그런 걱정 때문에 밤잠을 설쳤어요. 그리고 정말 노력해 어렵게 얻은 종신 교수직을 내려놓고 국회의원 한 번 하고 모든 것을 잃는 것은 아닌지 걱정이 들기도 했어요.

강희진　국회의원이 된 이후 의원님 주도로 공부 모임을 진행하셨다고 들었습니다. 위키 사전을 찾아보면 '각계각층의 전문가들과 청년 정치인들이 함께 모여 보수의 가치를 정립하고 매뉴얼을 정비해 보수 이미지를 쇄신해 사랑받고 신뢰받는 보수의 리더를 만들고자'라고 적혀 있어요. 상당히 야심 찬 기획이었습니다.

허은아　예전에 노동운동이 그 시대의 주류였을 때, 노동운동가들이 여야를 가리지 않고 노동 직능 대표로 비례 의원으로 국회에 진출했습니다. 그것이 시대정신이었으니까요. 그러나 시대가 달라졌어요. 거대 담론이 아니라 다양성과 이미지가 세상의 중심이 되었습니다. 그것을 상징하는 존재가 스티브 잡스고 스마트폰입니다. 곧 메타버스라는 거대한 가상의 세계, 이미지 천국이 전 세계를 뒤덮을 겁니다. 우리나라는 IT 선진국답게 이웃 나라 일본과 비교할 수 없을 정도로 가상영토를 넓히고 있습니다.

저도 다가오는 신세계가 두렵습니다. 하지만 그러거나 말거나 신세계, 이미지 세상은 펼쳐질 겁니다. 또한 그 이미지가 추구하는 중심 가치는 자유, 공정, 혁신 그리고 민주주의입니다. 그것은 이미지 세계의 도래를 예언한 스티브 잡스의 삶을 보면 알 수 있습니다. 그가 천방지축이라는 사람도 있겠지만 잡스는 기술혁신을 통해 인류는 자유와 민주주의 없이는 살아갈 수 없다는 것을 스마트폰으로 보여주었습니다. 제가 배운 이런 가치들을 이미지 전략을 통해 당에 뿌리내리게 하고 싶었습니다. 그러기 위해 먼저 당은 새롭게 브랜딩 되어야 합니다. 그래야만 선거에서 승리할 수 있습니다. 당의 이미지가 획기적으로 좋아져야 합니다. 당의 지지율은 수도권 국회의원의 숫자가 결정한다고 하잖습니까. 지지율을 얻으려면 당은 꼰대 이미지를 벗어던지고, 반성하는 모습을 보여야 합니다. 그런 고민을 하다가 공부 모임을 떠올린 겁니다. 사람부터 바꿔야 한다고 생각했어요. 사람의 속이 변하고, 그것이 내부에서 밀려 나와야 이미지가 변합니다.

강희진 표리부동이 아니라 표리일체를 말한 것이죠?

허은아 제가 누차 말씀드린 것처럼 그것이 PI의 기본입니다. 저는 미래한국당 때부터 공부 모임을 시작해 반성하는 모습을 보여줘야겠다고 생각했어요. 그게 매일 반성문을 쓰는 것보다 낫죠. 보수당이 달라지는 모습을 국민들이 보아야 당의 이미지가 변할 거란 말이죠. 비례로 당선된 미래한국당 19명 중에서 15명이 함께 했으니 많이 참석했죠. 처음에는 낙선자들까지 아우르는 공부 모임을 진행했어요. 낙선자 중에 청년들이 많았습니다. 저는 그들이 있어야 공부 모임에 활력이 생기고, 또 그들이 밖에 나가 내용을 떠들고 다녀야 이미지 확산이 될 거라고 믿었죠. 그런데 낙선자들은 미래통합당과 미래한국당이 통합하면서 빠지게 되었어요. 제가 그들에게 미안해서 한 분씩 찾아가 인사했어요. 그리고 통합되면서 미래통합당에 있었던 초선의원들과 다시 함께 공부를 시작했습니다. 그래서 공부 모임에 참가하는 숫자가 35명 정도였고 김웅 의원, 윤희숙 의원 등 초선의원 58명 중에서 절반 이상이 함께 했어요.

김종인 위원장께서 특강을 나왔을 때는 정말 의원들이 많이 모였어요. 나중에 모임의 명칭을 '명불허전 보수다'라고 불렀어요. '허전'은 주축이 되었던 허은아와 서울지법 부장판사 출신인 전주혜 의원의 이름에서 따온 것이고, '보수다'는 '보자 수요일 다 같이'란 뜻입니다. 중의적 어휘였죠. 모임을 오전 7시 30분에 가져서 기자들이 매우 힘들어했죠. 그래도 이슈를 만들어내니까 기자들이 많이 왔어요. 강사는 진보, 보수, 구별하지 않고 다 모셨습니다. 그때는 주제가 반성, 반성, 반성이었어요. 보수는 이래서 망했다는 주제였는데, 한마디로 반성의 시즌이었습니다. 실제로 당시 보수당의 분위기가 그랬어요.

강희진   소장파인 원희룡 제주지사와 정병국 의원이 강연에 나섰다는 기사를 본 적이 있습니다.

허은아   개혁 소장파 선배들과 토론해 보려고 그들을 초청했어요. 그 외에도 많았어요. 강원택, 서민 교수, 경향, 조선, 중앙의 논설위원, 오세훈 등 당내 대권 주자군은 물론, 안철수, 금태섭 등 당 밖의 유명 정치인들도 연사로 세워 보수 혁신의 스펙트럼을 넓히려는 초당적인 기획을 했습니다. 그들은 죄다 명강사라 특별히 누구의 강의와 토론이 좋았다고 말할 수는 없습니다. 정말 성실히 강의와 토론에 임해 주었습니다.

강희진   강사들이 모두 우리 사회의 중요한 스피커들이군요.

허은아   네, 제가 기획할 때 의도했어요. 우리가 반성하는 모습을 보여줘야 하니 그것이 언론을 통해 잘 보도돼야 하잖아요. 우리만 반성하면 뭐 해요. 국민이 우리의 반성을 듣고 보고 격려해줘야죠. 그래서 기자들을 몰고 다니는 스피커를 부른 겁니다. 실제로 기사도 많이 나갔어요. 스피커들께서 저희들이 공부하는 것을 보고 보수당이 망한 줄 알았는데, 아직 가능성이 있단 말씀을 해 주신 게 그래서일 겁니다.

강희진   요즘 '초선의원 뭐해'란 말은 공부 모임을 봐 왔던 기자와 스피커들 때문인가요?

허은아   그럴 수도 있겠죠. 그때 우리가 보여준 열정과 변화의 가능성을 봤던 사람들이 이 중요한 시기에 목소리를 내지 않고 뭐하냐는 겁니다.

강희진   초선의원들이 보수당의 변화를 주도했군요.

허은아   저는 그렇게 생각합니다. 사실 공부 모임은 꿩 먹고 알 먹는 거였어요. 진영을 뛰어넘은 기획이기 때문에 저쪽에서 무슨 생각을 하는지 다 들어볼 수 있었고, 보수의 가치에 대해 생각을 정리할 수 있었고, 토론을 통해 의견을 합칠 수 있는 기틀을 마련했어요. 결국, 초선들이 통일된 하나의 목소리를 낼 수 있게 된 겁니다. 그럼 당장 생각하는 것이 세력화입니다. 그런데 제가 생각한 모임의 목적은 세력화가 아니라 브랜딩이었습니다.

저는 세력을 통해 보수가 일어설 수 있는 것이 아니라 브랜딩을 통해 국민 속으로 다가갈 수 있다고 믿는 사람입니다. 숫자나 이념으로 세력화시키는 것보다 브랜딩이 훨씬 무서운 겁니다. 제가 말했잖아요. 시대는 이미 변했고 세력이 아니라 이미지입니다. 세력이 나무를 키우는 것이라면 브랜딩은 숲을 만드는 겁니다.

미니 인터뷰 3

---

37 좋아하는 꽃은?
세상의 모든 꽃.

38 좋아하는 나무는?
소나무.

39 애용하는 미용실은?
신사동에 있는 15년 이상 된 미용실.
시간 없을 때는 국회 본청에 있는
미용실.

**40 지금까지 못 했지만 꼭 하고 싶은
취미는?**
그림 그리기.

41 세 가지 소원을 빈다면?
건강, 가족의 안녕, 행복.

42 허은아표 라면 끓이는 법은?
물과 스프 함께 끓이고, 야채를 듬뿍
넣는 편(파, 김치, 양파 등), 계란을
마지막에 넣고 용기에 덜어 먹음.

**43 출산을 앞둔 미혼모라면 누구의
도움을 청할까?**
무조건 가족

44 노숙자 하면 생각나는 것?
벤치, 배고픔, 가족, 걱정, 그리고
용기와 희망.

45 배고팠던 기억은 언제?
창업 초기.

**46 가장 그리운 사람, 지금 가장 미안한
사람은?**
창업 초기에 함께해 준(고생만 한)
직원들과 파트너들(그때는 내가 너무
어렸고, 열정은 높았지만 부족함이
많았음).

47 가장 자랑스러운 일?
한 아이의 엄마.

48 가장 잊지 못하는 일?
박사 논문 통과.

49 혼자 소리 내어 울었을 때는?
박사과정 중 인신공격을 당했을
때(화장실에서 혼자 엉엉 움).

50 종교가 주는 가르침은?
겸손

51 정치인이 가져야 할 생활철학은?
국민을 위한 봉사자, 어디서든 국민이
지켜본다.

52 정치인의 기본자세는?
겸손, 소통, 가치를 위한 행동.

53 갖고 싶은 별명은?
의리의리한(의리 있는) 지도자.

Part 3

특별한 경험,
미국의 대통령 선거

이미지의 시대,
시대의 이미지

강희진 의원님께서는 제45대 미국 대통령 선거에서 도널드 트럼프의 당선을 예언했습니다. 더구나 의원님은 2016년 2월부터 차기 미국의 대통령은 힐러리 클린턴이 아니라 트럼프라고 매체를 통해 강조했고 당선이 되었습니다.

허은아 미국에서도 도널드 트럼프가 당선되리라고는 상상하지 못했죠.

강희진 세계 언론에서도 당시 힐러리 클린턴의 당선을 기정사실로 받아들였습니다. 실제로 의원님은 당시 미국 대선 현장으로 직접 가지 않았습니까? 왜, 그곳에 가게 되었는지 먼저 말씀해 주세요.

허은아   미국 대선 현장에 간 것은 제 입장에서 보자면 단순한 이벤트가 아니었습니다. 그것은 제 일의 연장이었습니다. 생각해 보면 제게 제45대 미국 대통령 선거는 여러 가지 면에서 아주 중요한 사건이었죠. 하지만 오히려 훨씬 편한 선거이기도 했어요.

강희진   중요한 사건인데, 왜 막상 편한 선거였을까요?

허은아   미국에서 저는 이방인이었습니다. 저는 아는 사람도 없었죠. 그러니 제 이론을 아무런 제약 없이 확인해 볼 수 있었던 현장이었습니다.

강희진   한국은 제약이 많았다는 말로 들리네요.

허은아   맞아요. 저는 국제 이미지컨설턴트 한국협회(AICI코리아) 회장이 되기 이전부터 한국이미지전략연구소(KISI) 소장으로 이미지 관련 일을 쭉 해왔습니다. 그 때문에 대통령 선거 시즌이면 여러 대선 후보들 측에서 저를 찾았어요. 저는 거의 모든 유력 후보들의 핵심 측근을 만났죠. 어떤 캠프에서는 자료도 많이 준비해 와요. 거액의 돈도 제안합니다. 하지만 계약하고 캠프에 들어가면 상황이 녹록하지 않아요. 어떤 후보는 잘 만날 수도 없었어요. 저의 일은 후보 옆에서 후보와 함께 움직여야 하거든요. 저는 후보의 이미지를 만들고, 수정하고, 때로는 변하는 모습을 대중에게 보여줘야 하는 책임자입니다. 그런데 대선 기간 동안 후보를 볼 수 없었다고 생각해 보세요. 대통령 선거는 이미지 싸움입니다. 한국의 대선에서도 어김없이 이미지가 충돌했습니다. 모든 선거가 그랬어요. 다만 사람들이 선거를 이미지의 관점에서 바라보지 않았기 때문에 그것이 보이지 않을 뿐입니다. 그런데 이미지를 디자인해야 하는 최고의 전략가가 후보를 만날 수 없었다고 생각해 보세요.

강희진   문제가 있군요.

허은아   정말 우스운 얘기죠. 선거가 시작되면 언론은 아주 민감해집니다. 후보의 작은 부분도 카메라에 잡혀 옹호 혹은 공격의 대상이 되죠. 그것에 대중은 즉각적으로 반응합니다. 저는 어떤 사람보다 먼저 후보에게 다가갈 수 있어야 하고, 심지어 후보를 만질 수도 있어야 합니다. 제게 대선은 후보와의 사투입니다. 후보가 싫어해도 설득하여 필요한 이미지를 만들어야 하니까요. 또한 후보의 말도 관리의 대상입니다. 나중에 설명하겠지만 그것은 이미지를 조작한다는 의미는 절대로 아닙니다. 이미지는 조작할 수 없어요. 저는 그렇게 인위적으로 이미지를 조작하면 망한다고 생각하는 사람입니다. 또한 저는 이미지컨설턴트가 아니에요. 저는 후보의 이미지를 적절하게 디자인하는 사람입니다. 하여간 제 일의 전제는 제가 필요하면 언제나 후보를 만날 수 있어야 합니다.

어떤 대선 후보는 이미지에 대해 대단히 부정적이었어요. 지금은 그분이 누구라고 밝힐 수는 없지만 그래요. 그러니까 일을 제대로 할 수 있는 상황이 아니었죠. 하지만 그런 상황에서도 저는 제 일을 합니다. 또 선거가 끝난 뒤 당선인으로부터 고맙다는 말을 듣지만 방금 제가 말했던 이유로 자신을 내세울 수가 없어요. 다만 유언비어처럼 떠돌아다니죠. '이번에 후보의 이미지는 허은아의 작품이라고 하더라.' 저는 졸지에 유령이 됩니다. 분명히 당선에 일조했는데, 이런저런 이유로 뒤에 숨어야 한다는 사실도 바람직한 일은 아니죠. 그것은 한국의 정치 발전을 위해서도 결코 좋은 일이 아닙니다.

강희진   선거에서 이미지 전략가의 역할을 제대로 이해하지 못하는 상황이군요. 혹은 대수롭지 않게 생각한다는 말이거나요.

허은아   꼭 그런 것만은 아니에요. 그랬으면 제가 어떻게 국회의원이 될 수 있었겠어요. 그들은 이미지가 아주 중요하단 사실을 잘 알고 있어요. 그리고 지금은 예전보다 많이 좋아진 것도 사실입니다. 한국의 최근 몇 번의 선거를 통해 각당에서는 이미지가 아주 중요하단 사실을 알게 되었거든요. 그런데도 그들은 아직 이미지를 남들에게 잘 보이기 위해 꾸미는 일로 생각하는 경향이 있어요. 다른 이미지 전략가는 모르겠지만, 저는 누구를 꾸미지 않아요. 저는 이미지를 만드는 사람이 아니에요. 또한 이미지는 금방 만들어질 수 없어요. 그것은 이미지 전문가이자 이미지 학자로서 분명히 말씀드릴 수 있어요.

이미지가
현실과 역사를 만든다

강희진   좀 더 구체적으로 말씀해 주세요.

허은아   성공한 사업가였던 스티브 잡스, 여전히 현역인 탁월한 정치인 오바마, 도널드 트럼프, 최고의 대중스타 오드리 헵번과 조용필을 한번 생각해 보세요. 그들의 이미지는 전문가들이 기획해서 꾸며낸다고 만들 수 있는 것이 아니란 말이죠.

강희진   그들은 자신의 이미지를 어떻게 드러냈을까요?

허은아   그들은 로마 공화국의 정치가이자 장군이며 작가였던 카

이사르나 셰익스피어의 대사 '브루투스 너마저도' 때문에 유명해진 브루투스처럼 인생의 매 순간을 열정적으로 살았습니다. 물론 그들은 능숙한 연기자이며 위대한 시인이었던 베르톨트 브레히트의 영민함과 교활함을 그대로 보여주었죠. 필요하다고 생각될 때 말이죠. 제가 만든 이미지 전략은 한 인간이 평생을 쌓아 올린 삶의 진중함을 대중에게 가장 효과적으로 보여주는 기술입니다. 대중이 그들의 페르소나에 열광할 수 있도록 말이죠. 한번 잘 생각해 보세요. 탁월한 사업가, 자기 분야에 최고들은 지독한 일벌레이지만 한편으로 그들은 탁월한 자기 이미지의 연출가들입니다.

강희진 들고 보니 그러네요. 그들은 독특한 자기 페르소나를 창조한 사람들이군요. 이미지의 연출이 얼마나 중요한지 주목되는 대목입니다.

허은아 이것을 정치의 영역으로 가져오면 그래요. 후보에게 제일 중요한 것은 자신의 정치적인 비전을 보여줄 수 있는 개성이에요. 실제로 그런 사람이 대통령이 되었고요. 노무현, 박근혜, 이명박, 문재인, 윤석열. 그들의 개성을 일부러 가공할 수 없어요. 제가 하는 일은 정치인이 그동안 살아온 구력으로 절로 빛을 발하도록 도와주는 거죠. 다만 저는 후보의 내면, 그의 개성을 대중들에게 잘 보이도록 디자인하는 역할을 하는 그런 전문가인 셈입니다.

강희진 대단히 흥미롭군요. 이미지에 대한 고정관념을 깨는 듯한 말씀입니다. 그 얘기 보따리는 차근차근 풀어보도록 하죠.

허은아 좀 정확히 말씀드린다면 제가 그동안 대학원에서 공부한 내용, 기업 컨설팅을 하면서 현장에서 터득한 경험을 바탕으로 만든 PI(President Identity)로 국내 대선 과정에서 진행했더니, 그대로 됐어요. 예측한 대로 되더라고요. 저도 놀랐어요. 지난 몇 번의 대선을 통해 제 이론을 확인한 셈이죠. 그것을 제45대 미국 대통령 선거를 통해 분명히 확인했고요.

강희진 저도 PI에 관한 문서를 보았습니다. 그 때문에 더더욱 의원님의 활동에 흥미가 생겼어요.

허은아 저는 한국에서 대선을 치른 후에 나만의 대선을 치러 보고 싶었죠. 아무런 제약이 없는 상황에서요. 그 때문에 전혀 다른 종류의 현장인 미국으로 가게 되었습니다. 그 전에 이런저런 우여곡절은 있었지만요. 미국에서 저는 제 이론을 실험하게 되었습니다. 그곳에서 소원대로 저만의 대선을 치른 셈이죠.

강희진 그러면 트럼프가 승리했고, 의원님도 예견했던 미국 대선 얘기를 다시 시작해 보죠. 의원님은 제45대 미국 대통령 선거에서 트럼프의 당선을 예언했습니다. 더구나 의원님은 2016년 2월부터 차기 미국 대통령은 트럼프라고 확신했습니다. 그 확신의 근거는 무엇이었습니까?

허은아 당시만 해도 '트럼프 대통령'이란 표현 자체가 아주 어색한 분위기였습니다. 무슨 말이냐면 트럼프는 기존의 대통령 이미지가 아니란 뜻이죠. 한국식으로 말하면 몰상식하고 막말하는 꼰대 노인이 어떻게 대통령이 될 수 있었을까요. 당연히 미국도 세계 여론도 힐러리 클린턴의 당선을 기정사실로 받아들였습니다.

강희진 의원님은 당시 미국 대선 현장에 가지 않았습니까? 당시 이야기를 조금 해 주시면 될 것 같아요.

허은아 2015년도에 국제 컨퍼런스 참여차 저는 워싱턴에 갔었어요. 솔직히 저는 그냥 아무것도 가진 게 없는 사람이었어요. 그러니까 한계가 느껴지는 겁니다. 제가 대통령 후보 몇 분을 PI를 했고, 그 사람들이 대통령이 됐는데도 제가 느꼈던 것은 아직 부족하다는 열등감이었어요. 제가 하버드로 가서 다시 공부해야 하는 것인가? 하여간 생각이 많았어요. 한계라고 할까, 뭐 그런 것을 강하게 느꼈어요.

강희진 남들이 들으면 괜한 열등감이라고 말할 수도 있을 것 같네요.

허은아 그럴 수도 있죠. 하지만 중요한 것은 제가 그렇게 느끼고 있다는 사실입니다. 그 열등감이 자신을 밀어 올리는 힘인 것 같아요. 위대한 콤플렉스란 말도 있잖습니까. 아무튼 저는 제 분야에서 최고가 되고, 더 높은 곳으로 올라가고 싶었어요, 해외 경험이 있어야겠다고 생각했죠, 대학이나 정치 연구소도 좋겠지만 저는 원래 현장에서 무엇을 얻어내는 사람입니다. 2015년에 미국 워싱턴 갔을 때, 사람들을 많이 만났고, 힐러리 캠프에 들어가 경험을 쌓고 싶었어요.

강희진　괜히 최고가 된 것이 아니네요.

허은아　저는 최고 그 자체가 목표였던 적은 단 한 번도 없어요. 매번 최선을 다한다, 안 되면 되게 한다, 뭐 그런 정신으로 매 순간 최선을 다하다 보니까, 이 자리에 올라왔어요. 힐러리 캠프에 인턴으로라도 들어가서 민주주의 본바닥에서 선거가 어떻게 이루어지는지 공부하고 싶었어요.

강희진　당시 힐러리가 여성 최초의 미국 대통령이 된다는 게 거의 확실시된 상황이었으니까 나름대로 그런 판단을 한 것은 아닐까요.

허은아　그런 셈이죠. 그랬기 때문에 거기서 저의 새로운 기회를 찾아야겠다고 마음먹었어요. 그래서 관련된 사람들을 만나고, 알아봤는데, 이미 힐러리 캠프는 사람들로 다 차 있었어요.

강희진　배우는 것도 쉬운 일이 아니군요.

허은아　그런 것 같아요. 그래서 트럼프 쪽을 알아봤는데 트럼프는 자기네 나라 사람 아니면 안 받았어요. 그래서 제가

2015년도 12월까지 상당히 고민을 했어요. 돌이켜 생각하면 오히려 더 잘 된 일이었어요. 만일 제가 힐러리 캠프에 들어갔고, 그 속에 갇혀 있었다면 힐러리가 대통령이 될 것이라고 찰떡같이 믿고 일했을 겁니다. 원래 선거라는 것이 그래요. 본인이 속한 캠프의 논리에 빠져들면 객관성을 잃고 자신이 속한 캠프의 리더가 당선될 것이라고 굳게 믿죠. 선거를 해본 사람은 제 말의 뜻을 잘 알 겁니다.

기울어진 운동장에서
살아남은 트럼프

강희진　방향을 어떻게 바꿨나요?

허은아　현장을 보고 현장을 얘기하기로 마음먹었어요. 이왕 이렇게 됐으니 후보들과 거리를 두고 제대로 예측해 봐야겠다고 생각했죠. 그렇게 시작했어요. 사실 이게 제 방식이거든요, 미국 대선 경선레이스가 아이오와주에서 2월 1일부터 출발합니다. 제가 2015년 워싱턴에 방문했을 때 트럼프와 몇몇 후보들이 벌써 선거하기 위해서 나와 있었던 상태였고 TV에서는 이미 지지율도 나오고 있었죠. 당시 트럼프는 이미 대선에 나가겠다고 선언을 한 상태였고요. 그래서 저는 2016년 1월부터 미국 대선 현장을 쫓아

다녔어요. 그러니까 미국 대선의 본질이 보였어요. 시간이 얼마 지나지 않아 힐러리가 과연 대통령이 될 수 있을까? 그런 의문이 들었어요. 그때 중앙일보에 기고도 하고 그랬죠.

강희진 무엇인가 주류의 흐름과 다른 분위기가 만들어지고 있다는, 이미지 전략가의 촉이 발동한 것이군요.

허은아 분위기, 촉, 흐름을 넘어 PI를 해왔던 전문가로서 확신이 들었어요.

강희진 제가 찾아보니까 2016년 5월경 《중앙일보》에 실린 의원님의 기고문을 보면 트럼프 당선에 대한 확신이 드러나고 있었습니다. 그런데 계속해서 글들이 쏟아져 나올 것 같았는데, 그렇지 않았습니다.

허은아 미국에 다녀온 다음에 제가 현장의 느낌을 그대로 받아 글을 썼어요. 그런데 계속해서 힘 있게 글을 쓸 수 없었던 이유는 트럼프가 될 것 같다는 느낌은 오롯이 저만의 생각이었죠. 트럼프가 이상하다는 조짐이 보였고, 무엇인가 사고를 칠 것 같았어요. 새로운 역사를 쓸 것 같았죠. 제가 그렇게 말하면 주변에서 저더러 '이상하다', '너, 사기 치지 말라'고 했어요, 상황을 호도하면 안 된단 말도 했습니다. 한마디로 트럼프에 대해서 긍정적으로 생각하는 사람이 없었던 거죠. 2월과 3월에도 믿는 사람이 당연히 없었고, 11월까지도 거의 대부분이 트럼프의 당선 가능성을 생각조차 하지 않았어요. 저는 가장 이슈가 되는 장소를 찾아다녔고, 현장에서 한국 특파원을 만났죠. 그들은 저를 아주 이상하게 봤습니다. 그들도 평생 취재현장에서 밥을 먹은 분들이고, 저와 다르지만, 정치를 안다면 아주 많이 아는 전문가들이었죠. 정치는 오히려 제가 그들에 비하면 비전문가라고 할 수 있었죠.

강희진 의원님은 그들과 다른 방식의 전문가인 셈이죠.

허은아 어쨌든 저는 제 확신을 믿었어요. 그런데 사람들은 트럼프의 지지율을 거품으로 치부했죠. 전문가들도 별반 다르지 않았어요. 원래 이미지라는 것이 현실의 벽을 뛰어넘어 새로운 질서를 디자인하기 전에는 거품으로 보여요. 기존의 패러다임에 젖어 있는 전문가들은 그게 하늘에 떠다니는 뜬구름으로 보이죠. 역사적으로 이변이 일어났던 선거를 한번 생각해 보세요. 가깝게는 서울시장 보궐선거에서 민주당 박영선을 이긴 국민의힘의 오세훈 시장, 멀게는 한나라당의 이회창을 이긴 노무현 대통령, 더 멀게는 공화당의 닉슨을 꺾은 케네디 대통령 등등이 있죠.

강희진 미국의 대선 현장을 돌아다녔을 때는 의원님의 위치가 좀 애매했을 것 같아요. 한국의 이미지 전략가가 미국 대선 취재를 한다는 것도 낯선 풍경이고요.

허은아 저 여자가 누구야? 뭐 하러 온 거냐? 그런 얘기 많이 들었어요. 하지만 그런 말은 한쪽 귀로 듣고 한쪽 귀로 흘려버렸죠. 진짜 혼자 돌아다녔었어요. 물론 도와주는 사람은 있었죠. 낯선 동네라 가이드가 필요했어요. 그렇게 저는 아이오와와 뉴햄프셔 등의 경선 현장을 누비고 다녔습니다. 아마 한국인으로서 그런 식의 연구를 한 것은 제가 처음이자 마지막이 아닐까 생각합니다.

강희진 기자들처럼 다닌 거군요.

허은아 맞아요. 그들이 현장에서 인터뷰하고 기사를 쓰는 게 일이죠. 저도 똑같이 현장에 나가 탐사 컨설턴트를 한 거예요. 우리나라에서 지켜봤다면 언론이 전해 주는 것만 볼 수밖에 없었을 테고, 미디어를 통해 걸러진 정보를 받을 수밖에 없었겠죠. 저는 이미지 전략가로서 '날것' 그대로의 정보가 필요했어요. 제게 그것은 아주 중요한 일이었습니다.

강희진 미디어로 걸러진 정보와 현장의 정보는 어떤 차이점이 있나요.

허은아 정말 차이점이 많아요. 미디어가 자신들의 입맛에 맞는 후보를 대통령으로 뽑으려는 의도가 있지 않나, 그런 생각이 들었어요. 실제로 미국 언론은 특정 후보를 지지한다고 듣긴 했지만요. 어느 날, 힐러리와 트럼프가 연설을 했어요. 그런데 힐러리 쪽에 500여명이 왔다고 해요. 트럼프 쪽에는 2천여 명이 운집했죠. 문제는 CNN이나 다른 방송에서 드러나는 상황으로 봐서는 힐러리 쪽에 사람이 훨씬 더 많은 것처럼 연출이 됐어요.

강희진 그야말로 이미지 조작이군요.

허은아 그게 가짜뉴스고 이미지 조작이죠. 한국에서 바라봤을 때는 트럼프는 욕만 하고, 막말하는 늙은 꼰대 이미지잖아

요. 저도 한국에 있을 때는 꼰대 늙은이가 언감생심 왜 대
통령 자리를 탐할까, 그런 생각을 했었거든요. 그래서 답
은 항상 현장에 있는 겁니다.

강희진 그런데 방송이나 미디어에서 트럼프 쪽에 불리한 장면을
보여주는 것은 이미지 문제가 아니라 미디어 조작이라고
할 수 있는 거잖습니까.

허은아   그렇게 볼 수 있습니다. 만일 힐러리가 이겼다면 대선에서 이긴 것이 아니라 미디어 전쟁에서 승리한 것이고, 트럼프는 그 벽을 넘지 못한 셈이 되었겠죠. 저는 사실 생각을 안 하고 갔어요. 2월에 현장 가서 트럼프를 연구하기 시작한 겁니다. 그가 될 것 같았어요. 기자처럼 현장에 가서, 직접 현장의 느낌을 받으니까, 그동안 믿고 있었던 힐러리가 위험해 보였고, 제 눈에는 분명히 그렇게 보였어요. 그렇게 선명하게 보이긴 처음이었어요. 제가 선거에 관여하지 않고 전문가로서 객관적으로 봤기 때문일 겁니다. 저는 분명히 힐러리가 힘들겠다고 느꼈죠.

강희진   현장 분위기가 그랬단 거죠. 미국 언론은 애초에 자기들이 지지하는 힐러리 쪽으로 경도되어 있었단 말이네요.

허은아   네, 맞아요. 막상 역사의 현장으로 달려가 보니 전혀 다른 역사의 흐름이 보였고, 역사가 새로 만들어지고 있다는 것을 몸으로 느꼈어요. 힐러리가 그때 대선의 주인공이 아닐 것 같다는 강한 확신이 들었어요.

강희진   지금은 편하게 말씀하시지만, 당시에는 전문가로서 충격을 받았을 것 같습니다.

허은아 그렇다고 말할 수 있죠. 전혀 다른 역사가 제 눈앞에서 벌어지고 있었으니까요. 더구나 제가 볼 때는 미디어가 의도를 갖고 진실을 말하지 않고 있었으니까요. 제가 다른 책에도 적었지만, 트럼프는 슬로건도 명확했어요. 그러니까 아이덴티티가 명확했고, 그걸 기준으로 명확하게 움직였고, 현장의 청중이 열광했고, 그들이 변화를 만들 것 같았어요. 뭔가 역동적인 힘이 있었습니다. 힐러리 쪽에는 지지자들이 많았고, 준비해 온 구호를 외쳤고, 또한 엄청난 환호가 있었죠. 또한 널리 알려진 상·하원 의원들이 앞에 나와 근사하긴 했지만, 판에 박힌 얘기들을 했어요. 그래서 멋져 보였지만 권위적이었습니다. 그리고 기계적이었습니다. 물론 제가 받았던 느낌입니다.

현장에서 느낀 점은 사람들이 흥분하는 분위기가 달랐어요. 언론 보도대로라면 사람들이 힐러리를 보고 흥분했어야죠. 저 여인이 우리를 위기에서 구해 주고, 새로운 미국을 건설할 지도자다! 하여간 뭐, 그런 강한 열광이 있었어야죠. 특히 그곳에 있었던 아르바이트생이나 현장을 찾아온 사람들이 힐러리를 보고 흥분해야 마땅했거든요. 문제는 그런 카리스마를 느낄 수가 없었어요.

미국 대선 현장에서 목격한
메라비언의 법칙

강희진　좀 더 구체적으로 말씀해 주시죠.

허은아　힐러리를 만나면 사람들이 자발적으로 열광해야 맞죠. 그
녀가 사람들과 대화하는 것을 보면 뭐라고 할까? 광적인
에너지가 없었어요. 힐러리를 만난 사람도 힐러리도, 정
확히 말하면 그녀는 이미 대선 후보가 아니라 대통령이란
느낌이 들었다고 할까요. 권위주의가 느껴졌다고 할까?
첫 번째 행사를 할 때, 힐러리는 시내에서 했어요. 누구나
다 하는 곳, 대통령으로 예정된 사람이니 그런 장소를 택
한 것이 당연할 수도 있죠. 그런데 트럼프는 2시간 정도
차를 타고 가야 하는 작은 시골에서 시작했어요.

강희진 이해가 안 되는 상황이군요.

허은아 그렇죠. 첫 연설을 그런 한적한 시골에서 개최하니 누가 찾아가겠어요. 실제로 한국 사람은 한 명도 안 갔을 거예요. 저와 저를 도와준 가이드만 갔어요. 시골이라 그런지 현장에 갔을 때도 역시나 사람이 많지 않았죠. 또한 훈련된 운동원이나 사람들도 없었어요. 그래서 사람들은 똑같은 구호를 외치거나 그러지 않았어요.

객석은 한마디로 오합지졸인데, 트럼프가 연단에 올라오는 모습이나 행동 하나하나가 완벽했어요. 회사를 운영해 봤고, 회장이었기 때문에 기업인답게 모든 것이 철저하고 완벽하게 계산되어 있었어요. 그가 등장할 때면 늘 나오는 음악이 있었어요. 그 음악에 맞춰서 나오고, 가족들이 모두 나와 연단에 섰죠. 연단 밑에는 응원하는 운동원들이 있었고, 계산된 캠프 조직을 가지고 있었습니다. 유세장의 흐름을 트럼프식으로 몰고 가는 일종의 유세 시스템이었어요. 하지만 모인 사람들은 오합지졸이었습니다. 어디 구경이나 한번 해 보자, 뭐 그런 분위기였어요.

강희진 어떤 공간이었는지 상상이 되는군요.

허은아 사람들의 자세가 다 구부정했습니다. 그야말로 '너 뭐냐? 날 흥분시켜봐!' 그런 태도였죠. 트럼프가 연설을 시작하고 가족들이 찬조하고 그러니까, 사람들이 자세를 풀고 트럼프에 집중하기 시작했어요. 끝내 그들은 환호하고 말았죠. 저도 트럼프에 저절로 몰입됐어요. 그의 영어가 귀에 쏙쏙 들어왔습니다. 사실 주변이 어수선해서 그의 연설을 알아듣기 쉽지 않은 상황이었거든요. 그만큼 트럼프의 연설이 카리스마가 있단 말이죠. 나중에 제 귀를 뚫고 들어와 박혔어요. 저 자신도 모르게 환호했고요, 주고자 하는 메시지가 명확했습니다. "미국을 다시 위대하게". 그런데 흥분을 가라앉히고 곰곰 생각해 보니 깜짝 놀랐어요. 그때 무슨 얘기가 나왔냐면 트럼프의 언어 수준이 중학교 2학년밖에 안 된다는 얘기가 돌고 있었거든요. 하지만 제가 볼 때는 그렇지 않았어요. 저는 이미지 전문가란 말입니다. 트럼프는 충분히 계산해 언어를 사용한 겁니다. 대화에서 시각과 청각 이미지가 중요시된다는 커뮤니케이션 이론이 있는데 그걸 '메라비언의 법칙'이라고 해요. 한 사람이 상대방으로부터 받는 이미지는 시각이 55%, 청각이 38%, 언어가 7%에 이른다는 법칙입니다. 트럼프는 정확히 메라비언의 법칙을 알고 있었어요. 그것은 그가 연단에 올라가 보여준 무대 연출을 보면 금방 알 수 있습니다. 만일 그가 오합지졸로 모인 사람들에게 메시지를 주고 싶었다면 그런 식의 무대를 만들지 않았겠죠. 그는 무엇보다도 가족을 동원했습니다. 아시겠지만 가족은 보수의 핵심 가치 중 하나예요. 그리고 사람들에게 말로써 메시지를 전하려 했던 것이 아니라 비언어적인 요소인 이미지를 전하려 했던 겁니다. 그것이 자신의 메시지였습니다. 정체성을 담은 슬로건, MAGA(Make America Great Again)는 철저히 기획된 거고 자신의 타겟에 맞는 언어를 선택한 것이었죠.

강희진 의원님은 흥분하지 않을 수 없는 상황이었군요.

허은아 절대로 놓칠 수 없는 상황이었습니다. 제가 평생 공부한 이론을 온몸으로 실천하는 사람을 만났으니까요.

강희진 인생에서 그런 극적인 순간을 만나기도 쉽지 않을 것 같습니다.

허은아 아무튼 그래서 트럼프와 악수를 했죠. 보통 악수를 건성으로 하는 경우가 많은데, 그는 아주 집중해서 악수를 했어요. 저는 솔직히 놀랐어요.

강희진 그것도 강한 이미지죠.

허은아 아주 중요해요. 악수는 그야말로 유권자에게 직접적으로 다가가는 일종의 스킨십이란 말이죠. 사람들은 그 짧은 순간 박히는 강렬한 이미지를 쉽게 잊을 수 없어요. 그렇게 좋은 예라고 할 수 없지만, 히틀러를 한번 생각해 보세요. 그는 철저히 계산된 이미지로 청중을 압도했습니다. 그는 청중에게 말로만 한 게 아니에요. 이미지를 보여준 것이죠.

강희진 트럼프를 직접 만나 보고 악수까지 해 보니 이 사람이 내가 알고 있었던 그 꼰대 늙은이가 맞아? 뭐 그런 느낌이었단 말이죠?

허은아 맞아요. 이 사람 정말 트럼프인가? 그동안 미디어가 그의 이미지를 꼰대로 만들었단 말이죠. 가까이서 보니 강렬한 카리스마가 느껴졌어요. 당시로서는 뭐라고 표현하기도 쉽지 않은 에너지를 느꼈어요. 저의 책에 나온 트럼프와 찍은 사진은 그 순간을 포착한 겁니다. 사실 그런 장면이 연출된 것은 그곳에 사람들이 많지 않았기 때문이었어요. 유세장에서는 후보와 자세를 잡고 사진을 찍기가 쉬운 일이 아니죠.

강희진 그러니까 트럼프에게 열광하는 사람들을 봤고, 그리고 트럼프의 연출력을 봤고, 그의 카리스마를 느꼈고, 그가 사람들을 대하는 방식들을 눈으로 보니 미국 대선판은 한 치 앞을 알 수 없는 상황이 될 것 같았단 얘기네요. 결국은 트럼프가 대통령이 될 수도 있겠다, 뭐 그런 느낌을 강렬하게 받았다는 거죠?

허은아 저는 짧은 시간이었지만 트럼프와 대화를 하면서 매력을 느꼈어요. 그는 저만 아니라 모든 사람을 그렇게 대했어요. 저런 연출력과 저런 자세로 많은 사람을 만난다면 미국의 대선이 어떻게 될지 미래를 알 수 없을 것이라고 봤어요.

저는 원래 고객 만족을 연구한 사람입니다. 트럼프는 부동산 사업을 벌여 엄청난 부를 만든 사업가였고요. 통하는 바가 없는 것도 아니었죠. 그는 고객이 어디서 반응하고, 만족하는지를 감각적으로 아는 사람이란 생각이 들었어요. 선거를 그런 고객 만족의 전략으로 접근했어요. 자신에게 유권자는 고객이었던 셈이죠. 그런 관점에서 다시 보니 뭐 하나 나무랄 것이 없었어요. 자신이 등장할 때

퍼져 나온 음악, 보수 가치에 맞게 출동시킨 가족, 그들이 서로에게 하는 격려들, 서툰 언어, 기존의 정치인들이 내뱉는 유장한 수사가 아니라 철저하게 말이 아닌 비언어적인 소통의 방법들이 신선했어요.

기존의 미디어에서 트럼프의 결함이라고 말했던 부분들이 저의 관점에서 하나하나 짚어보니, 자신에게 맞는 최적의 선거 전략을 세웠던 겁니다.

강희진　아, 공감이 가는 말씀이네요.

허은아　사실 이런 선거 전략은 아무나 세울 수 있는 게 아니거든요. 사람하고 전략하고 딱 맞아야 해요. 옷과 몸이 맞아야 하는 순리와 똑같아요. 화려한 옷이 다 좋은 것이 아니고, 소박한 옷이 다 나쁜 것은 아니란 말이죠. 또 화려한 옷이 모든 사람을 빛나게 하지 않아요. 어떤 사람에게 소박한 옷은 화려한 옷을 능가하는 패션이 될 수 있거든요. 트럼프는 딱 자신에게 맞는 자기만의 패션을 입고 나왔어요. 저는 짧은 순간 제 머릿속에 방금 봤던 모든 장면이 하나씩 하나씩 떠오르자 온몸에 소름이 돋았어요. 그래서 그때 느낀 충격이랄까, 그런 내용을 흥분하지 않고 차분하게 정리해 《중앙일보》에 기고했어요.

강희진 힐러리는 어떻게 보셨나요?

허은아 정치인 힐러리, 그 이상도 이하도 아니었어요. 더욱 문제는 이미 대통령이 된 정치인이었죠. 그래서 소통에 장벽이 보였어요. 말은 우아하나 힘이 없어요. 사람들과 눈도 마주치지 않더군요. 물론 모르는 낯선 사람들과 눈을 마주치는 것은 쉬운 일이 아니죠. 그러니까 힐러리는 카메라만 보면서 자신이 하고 싶은 말만 해요.

트럼프는 달랐어요. 사람이 욕하면 자신도 따라서 진짜 욕을 해요. 여기서 중요한 것은 욕이 아니에요. 소통이에요. 그래서 사람들이 열광했던 거죠. 그는 유권자들이 듣고 싶은 말을 해줘요. 욕이든 뭐든. 그게 핵심이죠. 내가 당신들과 함께한다, 당신과 함께 있다고 강조하는 듯하죠.

한 사람은 권위주의적인 정치인이고, 다른 사람은 장사꾼 마인드라면 누가 이길까요? 유권자를 자신이 섬겨야 하는 고객으로 여기는 준비된 장사꾼인 트럼프를 힐러리가 어떻게 이길 수 있을까요? 이것은 제가 선거 결과가 나온 뒤라 하는 말이 아니에요. 당시에도 주변 사람들에게 수도 없이 했던 말입니다.

정치를 기업 경영으로 접근한
실용주의자 트럼프

강희진 트럼프는 출발은 미미했으나 끝은 장대했군요.

허은아 그런 셈이죠. 처음 유세장에 모인 사람들은 500명 정도였을 거예요. 하지만 그의 화법이 입소문으로 번져 사람들이 구름처럼 모여들었어요. 그리고 어느 순간 팬덤이 만들어졌죠.

강희진 좀 전에 트럼프를 정치인이 아니라 장사꾼으로 비유하셨습니다. 물론 실제로 유능한 사업가이기도 하고요. 그런데 정치를 기업에 비유하자면 기업가 말고 그보다 더 중요한 콘텐츠가 있어야 한단 말입니다. 좋은 상품이 있어야 고객들이 몰려올 거란 말이죠. 정치로 치자면 좋은 정책 같은 것이 있어야 한단 얘기입니다. 결국, 그것이 이미지를 넘어 정치인이 대중과 진짜로 소통하는 방법이 아닐까요? 가령 나를 당선시켜 달라, 기본소득을 줄 테니. 혹은 나를 당선시켜 주면 집 걱정 없는 세상으로 인도하겠다는 공약을 예로 들 수 있겠죠. 트럼프는 무엇을 가지고 정치를 하려는 거였죠? 사람들은 그를 꼴통 보수로 생각하고 있는데요.

허은아   먼저 알아두어야 할 것이 트럼프는 꼴통 보수주의자가 아니었어요. 그는 한국식으로 말하면 이념이 없는 정치인은 맞아요. 한국은 보수와 진보로 진영이 나뉘어 있어요. 이런 패러다임으로는 트럼프를 이해할 수 없습니다.

그는 이민과 인종 문제 등에서 전통적인 보수의 입장을 갖고 있어요. 하지만 그는 민주당에서도 활동했었죠. 그곳에 적잖은 돈을 기부하기도 했고요. 성 소수자의 권리를 지지하기도 했습니다. 공화당의 이념에 반하는 주장을 많이 했단 말이죠. 그러니까 미국의 전통 보수주의자들은 트럼프를 싫어하는 겁니다. 족보가 없다고 말이죠. 트럼프는 양쪽에서 지지받지 못하는 이방인이었어요. 자료를 한번 찾아보면 재밌는 게 많아요. 2016년 《타임》지는 그를 올해의 인물로 선정하면서 양당을 공격하고 규칙을 깨고, 미래정치 문화를 제시했다고 했어요. 그런 트럼프가 MAGA 캠페인을 통해 새로운 공화당을 만들었다고 할 수 있습니다. 슬로건이 적절한 것이었는지, 옳고 그름을 떠나서요.

강희진　꼴통이 아니라 대단한 젊은 생각을 가진 실용주의자이군요. 기업가 출신이라 그런가요?

허은아　그게 영향을 주었을 겁니다. 그뿐만 아니라 트럼프는 선거 과정에서 미국의 다수 인종인 백인들을 향해 우리 일자리를 중국인과 유색 인종에게 빼앗겼다고 선동했어요. 백인들이 역차별을 당했다고 주장해 소외당한 저학력, 저소득 백인들의 마음에 불을 지른 것이죠. 나중에 그들이 들불처럼 일어나 선거에 참여했죠. 트럼프는 때로는 실용적으로 때로는 보수적으로 자기 페르소나를 바꾸면서 선거에 유리한 정책들을 만들었습니다. 그게 트럼프식 정치 이념인 셈이죠.

강희진　그가 대통령이 될 수밖에 없었군요. 그런 위험한 카멜레온을 노쇠한 힐러리가 이길 수 없었던 것은 당연한 일 같네요.

허은아   위험한 카멜레온이란 표현도 고정관념일 수 있어요.

강희진   그럴 수도 있겠군요.

허은아   트럼프는 어떤 모습을 하고 우리 앞에 다시 나타날지 몰라요. 그가 다음 선거에 등판할 것이란 말들이 많아요.

강희진   의원님의 분석을 듣고 그럴 수도 있단 생각이 듭니다. 그리고 우리가 어떤 인물을 예단하는 것도 조심해야 하고, 특히 미디어가 쏟아내는 정보를 마냥 믿는 것도 문제라는 생각이 드는군요. 아울러 이번 대담은 이미지의 시대를 맞이하여 시대의 이미지 전략이 얼마나 중요한지 점검하는 시간이 될 것 같다는 예감이 듭니다.

미니 인터뷰 4

54 좋아하는 나라나 도시는(5개국 이상)?
영국, 프랑스, 캐나다, 홍콩, 워싱턴DC.

55 우주선을 타고 가고 싶은 별?
달

56 지성, 윤리, 멋 세 가지 중에서 좋아는 순서는?
윤리, 지성, 멋.

57 배고플 때 어떻게 하나?
물 마시기, 눈감고 잠자기.

58 산책길에서 별똥별을 주웠다면?
하늘에 다시 걸어주고 싶을 듯.

59 사막에 혼자 불시착했다면 가장 먼저 하는 일?
오아시스 찾기.

60 지름길도 없고 큰 길도 없을 때 어떡하나?
내가 결정한 길을 믿고 간다.

61 어떨 때 자신에게 화가 날까?
같은 실수를 반복했을 때.

62 욕하고 싶을 때 있나?
당연하죠.

63 화날 때 참는 법?
주변 정리(청소).

64 욕심을 버리는 혼자만의 비법?
과거의 나와 현재의 나 비교 후 꿈을 다시 한번 생각해 봄.

65 어떤 사람이 아름답고 용기가 있을까?
자신을 속이지 않는 사람.

66 마음이 행복하려면?
지금에 만족.

67 혼자만의 진짜 가짜 구별법?
시간이 답을 준다.

68 모든 판단과 선택의 첫째 기준은?
후회하지 않을 자신 있는지 자문하기.

69 지금까지 지켜온 원칙은?
어제보다 나은 나를 위해 내 스스로에게 떳떳하게 살기.

Part 4

허은아가 분석한
대한민국 선거와 대선

세상의 강자로 등장한
청년정치

강희진 국민의힘이 청년들에게 환영받는 정당은 아니었습니다. 그런데 그야말로 어느 순간부터 청년들이 국민의힘으로 모여들었어요. 그것은 2021년 서울시 재·보궐 선거였습니다.

허은아 어떤 시인이 아침에 일어났더니 유명해져 있었다는 말을 했습니다. 그런데 그 말이 절대 사실일 수 없어요. 그는 유명해진 그 날까지 끊임없이 노력했고, 그 노력의 결과를 어느 한순간 받아본 것이죠. 저희 당의 국민적 호응도 그런 측면에서 봐주었으면 좋겠습니다.

지난 2020년 선거 당시 저희 비례당인 미래한국당에 청년 후보가 많았고, 당시 현장의 반응도 나쁘지 않았어요. 저는 청년이 아니었지만, 이미지 전문가라 역동적인 청년의 가치에 공감해 함께 뛰었어요. 그리고 젊다는 말은 나이를 의미하지 않아요. 젊어도 꼰대가 있고, 나이를 많이 먹었어도 젊은 사람이 있어요. 하여간 당시 많은 사람이 젊은 사람들 때문에 뭔가 좀 바뀔 모양이라고 말했어요. 저희들은 기존의 보수당이 못했던 일을 많이 궁리했고, 아이디어를 찾아냈거든요.

강희진   재보궐 선거 당시에 핑크색으로 무슨 이벤트를 했던 것 같습니다. 그건 신문에서 봤던 것 같습니다.

허은아   구체적인 내용은 기억나지 않지만 핑크색은 떠오른 모양이군요. 그만큼 이미지가 중요해요. 그리고 핑크(Pink)가 만만한 색이 아니에요. 저는 핑크, 분홍(粉紅)이 빨강보다 훨씬 강렬한 이미지라고 생각해요. 핑크는 빨강보다는 은은하고 부드러운 분위기를 연출하는 따뜻한 느낌의 색입니다. 우리는 코로나에 시달리는 국민에게 핑크의 부드럽고 따뜻함으로 봄과 희망의 메시지를 전달해 주려고 했습니다. 핑크가 그것을 효과적으로 전달할 수 있다고 판단한 겁니다. 당시 신문 기사를 보면 '핑크 가발에 자전거

국토 종주'라는 타이틀로 당시 원유철 대표는 머리에 핑크색 머리띠를 하고, 염동열 사무총장은 오른손에 핑크색 '장난감 요술봉'을 들고, 왼쪽 뺨에 핑크색 '하트' 무늬를 그려 넣었습니다. 그리고 김예지, 남영호 씨 등이 시각장애인 안내견 '조이'와 '자전거로 부산에서 국회의사당까지.'라는 이벤트도 진행했었어요. 돌이켜보면 저희의 이런 작은 노력이 쌓여 있었죠. 물론 그게 당시에 구체적인 반응으로 크게 나타나지는 않았어요. 작은 불씨에 불과했어요. 밑불이 없이 어떻게 불쑥 큰불이 일어나겠어요. 불씨는 있었는데, 마땅한 트리거가 없었다고나 할까요?

강희진 트리거라면 뭐가 있었을까요?

허은아 결정적으로 재·보궐 선거 전에 부동산 문제가 터져 이슈가 되었습니다. 하지만 그것은 본질이 아니었어요. 그 전에 안희정 전 도지사와 박원순 전 서울시장의 성폭행 및 성희롱 사건으로 민주당은 국민의 신뢰를 모두 잃었습니다. 두 분 다 민주당 대선후보군이었단 말이에요. 그런데 그런 일을 하고도 사고방식이 전근대적이고 남성 중심 내지는 남성우월주의에 젖어 있었다는 겁니다. 특히 박원순 서울시장의 경우 대중적으로 대단히 좋은 이미지를 갖고 있었단 말이에요. 그래서 저는 그분이 지금도 이해가 되지 않아요.

두 분도 문제였지만 보다 큰 문제는 사건을 다루는 민주당의 태도였어요. 저는 민주당에서 강하게 반성적 태도나 행동이 나올 줄 알았어요. 처음에 그런 분위기가 없진 않았습니다. 그런데 팬덤이나 중요한 스피커들이 분위기를 주도했어요. 민주당은 당원 당규를 어기고 서울과 부산에 시장 후보를 내보냈단 말이죠. 민주당은 성 추문에 대한 구체적이고 실질적인 반성의 모습을 보이지 않았습니다. 저는 이것, 즉 민주당의 미숙한 선택 때문에 저희가 승리했다고는 생각하지 않습니다. 만일 이유가 그것이었다면 재·보궐 선거의 승리로 끝났을 겁니다. 그런데 그게 아니었습니다. 이어진 선거에서 계속 저희가 승리했단 말이에요. 그러니까 승리의 요인이 우리 내부에 있었다고 생각합니다.

강희진　서울시와 부산시의 재·보궐 선거에서 두각을 나타난 것이 청년이었습니다. 그들이 선거판을 주도했습니다. 그들을 세력화하기 위해 어떤 전략이 있었나요?

허은아　전략은 따로 없었습니다. 좀 이상하게 들릴지 모르겠지만 없었기 때문에 청년이 세력화될 수 있었습니다.

강희진   근사한 말이긴 한데, 잘 이해가 되질 않네요.

허은아   재·보궐 당시 서울시장 후보로 오세훈 전 시장이 될 거라
고 상상을 못 했어요. 당시 인터뷰를 보면 본인도 후보가
될 것이라고 생각하지 않았던 것 같아요. 나경원 의원이
후보가 될 것이라고 생각했고, 단일화 여론조사에서는 안
철수 의원이 될 것으로 생각한 사람들이 많았습니다. 민
주당에서는 박영선 전 장관이 후보로 나섰고요. 그리고
초기의 여론조사를 보면 박영선 후보가 앞섰단 말이죠.
그런데 부동산 문제가 터져 상황이 혼전으로 들어갔어요.
그때 저는 오세훈 시장을 보고 많이 놀랐어요. 선거 홍보
용 영상녹화를 한 적이 있었거든요. 지역 맞춤형 제작이
라서 그게 보통 어려운 일이 아니었어요. 도봉구에 사시
는 주민 여러분께도 말씀드리고, 그다음에 신림동에 사시
는 주민 여러분께도 말씀드리고, 그런 식으로 녹음을 해
야 했습니다. 너무 손이 많이 가고, 그렇게 녹화하다가 보
면 진이 다 빠져요. 같은 말을 자꾸 반복해야 하니까요.
그래서 보좌진들이 후보님 힘들다고 시간을 줄여달라고
하더군요. 제가 대통령 선거를 비롯해 중요한 선거에서

여러 번 겪어봤어요. 실제로 다른 후보들은 시간을 줄이죠. 그런데 오세훈 후보는 녹음 시간을 줄이지 않고, 짜증 한 번 내지 않고 웃으면서 끝까지 소화하더라고요. 아무튼 오세훈 후보는 방송을 워낙 많이 해봐서 그런지 능숙하고 참을성 있게 모든 일정을 기껍게 소화했습니다. 그런 의욕과 불굴의 노력 때문인지 점점 오세훈 후보가 박영선 후보를 따라잡았어요. 당시 민주당이 대응을 못 했다기보다는 우리가 잘했어요.

강희진 오세훈 후보는 무엇보다도 젊은 감각을 가지고 있는 것으로 보였어요. 그분이 디자인 서울을 기획했잖습니까. 이미지에 대한 이해도 역시 높았을 겁니다.

이준석과 오세훈의
이미지 페어링

허은아　돌아보면 오세훈 후보와 이준석 전 대표가 서로 잘 맞았어요. 당시 이준석은 당 대표가 아니었죠. 그때 저랑 함께 뉴미디어본부장을 맡았어요. 오세훈 후보의 장점은 역할을 주고 일을 맡겨요. 대단히 민주적인 사고를 가지고 계셨습니다. 그 때문에 우리가 선거에서 중요한 기획을 할 수 있었어요. 우리는 오세훈 후보를 당선시켜야 한다는 절박함이 있었어요. 그러나 오세훈 후보는 되게 괜찮고 좋은 상품이지만 사실 매력이 약해요. 뭐랄까, 언론이 받아줘야 할 독특한 매력이라고 할까, 그런 게 약하단 말이죠. PI 관점에서도 매력이 아주 중요하거든요. 그는 무난하고 좋은 정치인이죠. 튀는 게 없다는 뜻이기도 합니다.

그리고 상품으로 치자면 신상품이 아니에요. 서울시장에 처음 도전하는 게 아니라 시장을 역임했던 분이란 말이죠. 그러니까 매력도 떨어질 수밖에 없었어요. 무난하단 것은 어떨 때는 장점이지만 어떨 때는 약점이 될 수 있어요. 당시 우리 당은 그때까지 몇 번의 선거에서 계속 져왔던 판국이라 무난함은 장점이 될 수 없는 상황이었습니다.

강희진 튀는 게 필요했군요.

허은아 저는 그렇게 생각했어요. 절대적으로 튀는 무엇인가가 필요했어요. 그래야만 우리가 상황을 주도하고 발전적인 이미지를 만들어갈 수 있으니까요. 그래서 찾아낸 것이 청년 스피치였습니다. 청년 스피치는 이미지나 프레임을 바꿀 수 있는 기획이라고 할 수 있었어요. 하지만 그게 말처럼 쉬운 일이 아니에요. 유세 차량에 알려지지 않은 젊은 친구가 올라간다는 것 자체가 기존의 선거에서는 상상할 수 없는 일이었어요. 그래서 나이 든 사람들이 안 된다고 했어요. TV 카메라가 있는데, 불쑥 엉뚱한 말을 할 수도 있다는 겁니다. 윤석열 대통령이 당선되었던 20대 대통령 선거를 한번 생각해 보세요. 유세차를 관리하는 사람이 다선 의원이라 어른들의 눈치를 볼 수밖에 없어요. 그래서 대통령 후보 오기 전에 포진된 주요 인사는 꼭 다선들이었고, 그들이 연설의 주축이었습니다. 이런 것이 당시 우리 보수당의 의사결정 방식이었어요. 다선 의원들 입장에서는 그런 수순을 밟아야 언론에 한 번이라도 더 나올 수 있는 분위기였습니다. 청년들은 안에 숨어 있었죠. 그런데 오세훈 후보는 과감하게 '당신들 멋대로 한번 해봐!'라고 했어요. 믿고 맡긴 거죠. 일절 간섭하지 않았어요.

강희진 그래서 이준석 전 대표가 자신의 뜻대로 청년 스피치를 진행할 수 있었네요?

허은아 맞아요. 당시는 당 대표도 의원도 아니었기 때문에 오세훈 후보의 민주적인 의사 결정 과정이 없었다면 어림도 없는 상황이었습니다. 그렇다면 당연히 관습대로 흘러가는 겁니다. 오세훈 시장이 오기 전에 청년들을 앞세웠어요.

강희진 무명의 청년들이 그 때문에 유세 차량에서 연설한 것이군요.

허은아 미리 신청을 받긴 했지만 사실 랜덤으로 받는 거나 마찬가지였어요. 왜냐하면 시간이 없어 연설을 일일이 점검할 수 없었어요. 또 그렇게 한다고 해도 무엇을 어떻게 검증을 한단 말입니까? 연설은 현장에서 원고 없이 할 텐데요. 그리고 무엇보다도 그것이 이 컨셉의 핵심이었습니다.

강희진 그러네요. 획기적이고 모험적이라고 할 수 있네요.

허은아 이준석처럼 민주적인 사고에 훈련된 정치인이 아니라면 할 수 없는 창의적인 기획이었죠. 수많은 청년이 나왔고, 가끔은 스타도 나왔어요. 자유롭고 민주적인 보수의 모습을 유세장의 형식을 통해 보여주었습니다.

강희진 우리 사회 청년들이 얼마나 살기 어려워요. 그들에게 언로를 뚫어준 역할을 한 셈이군요.

허은아 청년들이 스스로 말할 수 있는 공적인 장을 열어주었죠. '웬일이야 내가 텔레비전에 나오네.' 이런 친구들도 많았어요. 그리고 유튜브에서는 50만, 100만 명이 순식간에 조회수를 높였어요. 기존의 정치권에서 상상할 수 없는

일이 일어난 겁니다. 저희가 청년들의 얘기를 귀담아 들
어줬어요. 그들은 내 목소리를 들어주는 정치인이 있다고
좋아했고요.

저희가 했던 일을 브랜딩 관점에서 한번 생각해 보세요.
회사에서는 상품의 광고 효과를 높이기 위해 하는 방식
중의 하나로 소비자를 참여시킵니다. '당신이 상품을 써
보니 어땠어요?' 아니면 '이 상품 관련 시를 적어 보세요.'
'메시지 만들어 보세요.' 그런 제안을 하죠.

소비자가 그 상품을 써보고 광고 과정에 참여할 때, 그 제
품에 대한 책임감 같은 것이 생깁니다. 당연히 욕을 하기
보다는 칭찬을 하게 되겠죠. 그럼, 그는 소비자가 아니라

브랜드를 관리하는 사람이 되는 것이죠. 정당으로 치자면 당원 혹은 더 적극적이면 책임당원이 되는 겁니다. 참여가 이렇게 중요해요, 그래서 요즘 투웨이 커뮤니케이션이 트렌드가 된 겁니다.

강희진 그걸 정치에 접목한 것이군요.

허은아 이준석 전 대표의 아이디어였습니다. 저는 현직 의원이었으니까 백업을 계속해 주었죠. 그러다 보니까, 막 반응이 왔고, 요즘 친구들은 한번 꽂히면 짤을 만들어 내고, 더 적극적으로 상대방의 문제점을 찾아내요. 박영선 후보가 어쩌고저쩌고하면서요. 청년들은 자기네들의 커뮤니티든 네트워크든 마구 날려요. 윗세대들은 어떻게 하겠어요. 남이 만들어 놓은 동영상을 그냥 혼자 보거나, 적극적인 사람들은 공유만 하잖아요. 그 내용이 진짜인지 아닌지도 확인하지 않고요. 근데 청년들은 자기들이 생산하고, 그걸 또 재생산하고, 자기는 더 멋진 것을 만들죠. 돈을 준다고 그렇게 하겠어요? 예를 들어 유세차를 돌릴 때도 어디에 사람들이 제일 많이 모여 있다거나 데이터를 바탕으로 사람이 많이 모이는 쪽에 집중적으로 유세차를 집어넣었어요. 민주당에서 예전에 그렇게 했다고 하더라고요. 그게 과학적이고 전략적인데, 저희는 이준석이 셀럽이다 보니까 이준석이 나타나는 장소를 SNS에 올리면 청년들이 오히려 모였어요. 찾아가는 것이 아니라 몰고 다니는 것이었죠. 그러니까 자발적 참여 정치가 그래서 제일 무서운 거죠.

오세훈 후보는 어른들, 특히 여성분들한테 인기가 많았어요. 저희가 주도한 청년들과 시너지가 나면서 팡팡 터지니까 인기가 올라간 것 같아요. 그렇게 재·보궐 선거의 역사가 새로 만들어진 겁니다. 그 때문에 우리가 이긴 것이고요. 오세훈 후보는 승리했고, 이 일을 기획했던 이준석은 당 대표가 됐습니다.

강희진 이준석은 청년정치의 상징처럼 됐는데, 결국 그들을 중심으로 이준석의 팬덤이 만들어지는 건가요?

허은아 저는 오세훈 후보도 청년의 감각을 가진 정치인이라고 봐요. 저도 마찬가지고요. 오세훈 후보가 아니었다면 청년들이 스피커로 유세 차량에 설 수 있었을까요? 실제로 지난 대선에서는 청년들이 마지막 유세에서는 차량에 오르지 못했습니다. 이준석의 팬덤은 좀 더 시간을 갖고 지켜볼 일이죠. 박근혜나 노무현 전 대통령의 팬덤처럼 정치적인 힘을 발휘하는 세력이 만들어진다는 것은 좀 다른 차원의 문제니까요.

강희진 특별히 국민의힘의 정치 철학이 변한 것이 있나요?

허은아 저는 가치를 상당히 중요하게 여기는 편입니다. 재·보궐 선거나 대선에서 자유와 민주주의 가치가 제대로 발현되었다고 봅니다. 민주주의는 다양한 가치가 있습니다. 심지어 억압적이고 관료적이고 권위주의적인 가치를 민주주의라고 포장하기도 합니다. 그리고 어느 순간 어떤 가치가 중심적으로 발현되는가가 중요하죠. 저는 재·보궐 선거와 그 흐름 속에 있었던 대선과 지선에서 자유와 민주주의라는 가치가 충분히 발휘되었다고 생각합니다. 그랬기 때문에 이겼다고 봐요.

강희진 자유와 민주주의요. 그게 민주적인 정당에서 항상 실현되는 가치는 아닌가 보군요.

허은아 그런 가치가 항상 아름답게 발현된다면 '당내 민주주의를 실현하자' 그런 말이 나오지 않겠죠. 그것은 저희만의 문제는 아닙니다. 진보당은 그런 문제로 내홍 중인 것 같아요. 하여간 저는 재·보궐 선거를 치르고 승리하면서 랜덤을 두려워하면 안 된다고 생각했어요. 그리고 자유가 민주주의 꽃이란 생각도 했습니다. 그들이 무슨 말을 할까 걱정하니까 그 친구들을 우리 유세 차량에 세우는 것을 두려워하고 통제하는 겁니다. 만일 그들이 유세 차량에서 보수당에 나쁜 말을 하면 그 말을 귀담아듣고 고칠 생각을 해야죠. 그런데 통제한 것은 그들의 말을 듣지 않겠단 뜻입니다.

제가 국회의원이 되기 전에 PI 전문가로 모 대선 후보를 도울 때였어요. 제가 어이없는 일을 당했습니다. 저는 전문가이고, 자신들을 위해 PI를 하라고 저를 돈까지 주면서 불렀단 말이죠. 그런데 캠프에서 제 말을 듣지 않고 3선 의원의 얘기를 들었어요. 제가 따졌더니 3선이 얘기했기 때문에 그 사람 말을 들어야 한다고 하더라고요. 나중에 후보가 제게 미안하다고 했어요. 하지만 비슷한 일이 한두 번이 아니에요. 그뿐이 아닙니다. 전문성을 고려해서 영입하여 저를 국회의원으로 만들어 놓고도 활용하지 못한다면 그것은 기본적으로 그 조직이 민주적인 조직이 아니라 관료화된 조직이기 때문입니다.

그런데 재·보궐 선거 이후로 자유와 민주주의 가치가 꽃필 수 있었던 것은 다선의 선배 의원들이 재·보궐 선거 유세차에서 청년들에게 양보한 것에서 시작됐다고 생각합니다. 그것은 지금도 고맙게 생각하고 있어요. 재·보궐 선거에서 저희와 오세훈 후보는 여러 가지로 콜라보가 잘 됐어요. 양보의 미덕도 보여주었고요. 저희가 어린이 공원에서 유세할 때 작은 트럭을 몰고 다녔는데, 오세훈 후보가 자신이 타고 다닌 큰 유세차를 저희한테 양보하고, 자신은 작은 트럭으로 다녔어요.

강희진 자유와 민주주의의 가치가 힘을 발휘했던 선거였군요.

허은아 그것과 함께 노블레스 오블리주만 지키면 된다고 생각해요. 내가 기득권 보수라면 기득권을 후배들과 약자들을 위해 내려놓을 줄 알아야죠. 그게 진정한 양보입니다. 보수가 그런 미덕을 보여준다면 우리 지지자들이 남들한테 부끄럽지 않을 거예요. 약간 촌스러운 표현이지만 우리 지지자들이 쪽팔리면 안 돼요. 어디 가서 내가 보수당 지지자라고 말할 수 있어야 해요.

이미지 정치에 대한
오해와 이해

강희진   지난 재·보궐이나 두 번의 선거가 이미지 전략으로 치러진 선거란 생각을 지울 수가 없어요. 이미지 전문가의 관점에서 본 선거에 대해 말해 주세요.

허은아   저는 이미지 전략가이고, 종국적으로 국가의 가치를 높이는 국가 브랜딩 작업을 하고 싶습니다. 하지만 사람들은 이미지에 대해 여전히 부정적이에요. 왜 이렇게 이미지에 대해 부정적인 인식을 하게 되었을까? 그것은 박근혜 전 대통령과 어느 정도 관계가 있는 것 같기도 해요. 박근혜는 선거의 여왕이란 이름이 붙여질 정도로 선거를 잘했는데, 사람들은 박근혜가 이미지로 선거를 치른다는 딱지를 붙였어요. 실은 노무현 대통령도 이미지를 엄청나게 사용했습니다. 다윗과 골리앗 싸움에서 다윗이 이기려면 이미지가 절대적입니다. 노무현 전 대통령은 그것을 아주 효과적으로 사용한 탁월한 이미지 전략가입니다. 전문가인 제가 볼 때 그래요. 그리고 앞에서 말했지만, 진보가 이미지를 전략적으로 잘 사용하는 집단입니다. 이미지가 진보의 가치를 잘 표현한다는 측면도 있고요.

그런데도 박근혜 전 대통령에게만 이미지 딱지를 붙인 것은 상당히 의도적이었다고 생각해요. 상대 당에서 그렇게 불렀고, 심지어 보수당에서도 박근혜 전 대통령을 그런 식으로 명명하기도 했어요. 물론 그렇게 불리도록 단초를 박근혜 전 대통령이 제공한 측면도 있겠죠. 결국, 탄핵을 당하면서 박근혜 전 대통령에 대한 사람들의 부정적인 인식이 고정된 것 같아요. 그것과 함께 이미지 정치의 부정적인 인식이 강화되었죠. 그것이 박근혜 정치의 전부라고 믿는 사람이 많으니까요.

지난 재·보궐 선거 때 우리가 했던 선거 전략은 이미지에 의존한 측면이 있어요. 이미지가 가진 감각성 즉흥성 등을 최대한 활용했던 것이 사실입니다. 저는 핸드폰이나 SNS는 기본적으로 감각의 메시지를 전하기에 효율적인 민주적 매체이고 청년의 언어를 표현하기 적합한 도구라고 생각해요. 그리고 저희가 시도한 이미지 전략은 박근혜 대통령의 경우처럼 이전 세대로부터 물려받은 자산에 의존한 것이 아니라 우리가 만든 것이에요. 또한 대단히 목적의식적인 선택이었어요.

강희진 좀 어려운 화두로 넘어가겠습니다. 이준석 전 대표라고 불러야 할 것 같습니다. 당의 상황 때문에 지위가 약간 모호해졌습니다. 이준석 전 대표가 국민의힘을 어떻게 변화시켰다고 생각하나요? 이준석 전 대표의 창의적인 방법이나 옆에서 지켜보면서 느꼈던 점이 있을 것 같습니다.

허은아 저는 이준석 전 대표가 과거의 정치와 정확히 결별했다고 생각합니다. 그는 대구를 찾아가서 자신은 박근혜 대통령을 사랑했지만 우리는 탄핵에 대해서 인정해야 한다고 말했습니다. 탄핵의 강을 건너야 한단 뜻이죠. 또 호남에 가서는 신군부가 광주를 침탈했던 그 시절에 나는 태어나지도 않았던 사람이라고 했습니다. 그 잔혹한 일은 1980년 5월에 있었고, 이준석 대표는 그로부터 5년 뒤인 1985년에 태어났습니다. 솔직히 자신한테는 그게 심각하게 받아들여지지 않는다고 말했죠. 저는 그것이 청년의 언어이고 그것이 청년정치의 현주소라고 생각합니다. 이제는 과거

비극의 역사와 결별하고 새로운 역사로 가야 합니다. 곧 역사의 주역으로 떠오른 2030, 그들이 끌어갈 수 있는 정치 문화를 만들어가야죠. 그러니까 청년들에게 관심을 받아야 하고, 그들이 우리를 봐줘야 합니다. 선배, 엄마, 아빠가 보수는 꼰대라고 말할 때, 그들 밑에서 자란 자식들은 아닌데, 보수가 훨씬 똑똑하고 유능하단 말이 나오고, 그런 판단을 할 수 있도록 해야죠. 그러려면 그들의 언어나 이미지로 다가가야죠.

이준석이 그런 언어와 이미지를 구사하고 있어요. 그것은 우리한테는 버릇없고 이상하게 느껴질 수도 있지만, 젊은 이들에게는 일상화된 방법들이죠. 제가 핸드폰을 가지고 한 시간 넘게 헤매다가 딸에게 물었더니 한순간에 문제를 해결해 주었습니다. 핸드폰은 그들에게 익숙한 이미지입니다. 요즘 젊은 친구들은 태어나자마자 핸드폰을 갖고 생활했단 말입니다. 실제로 이준석은 핸드폰을 아주 능숙하게 다루죠. 옆에서 보면 현란해요. 그가 컴퓨터 전공이니까 어쩌면 당연한 일이죠. 그는 페이스북을 만든 마크 저커버그(Mark Zuckerberg)와 함께 하버드를 다녔다고 하잖아요.

중요한 것은 청년들이 우리 보수당을 봐야 합니다. 그런데 그들은 '내가 당신들을 왜 봐? 바빠 죽겠는데…'라는 말을 합니다. 이준석은 젊은 친구들이 보수당을 쳐다보도록, 관심을 갖도록 만들었습니다. 그것을 이준석이 할 수 있었던 이유는 그가 청년의 언어를 쓰고 있었기 때문일 것입니다. 그들 또래나 형이지만 그들의 문화를 완벽하게 이해하고 함께 호흡하고 있었습니다. 사실 정치는 몹시 어려운 수학 공식입니다. 그래서 정책 얘기가 나오면 자신과 관련이 있는 일인데도 TV를 돌려버리죠. 그런데 이준석이 나오면 화면을 돌리지 않아요. 고등학생들은 이준석 아저씨 나왔다고 소리를 질러요. 그의 말을 경청하는 사람들은 '보수가 저런 거구나'라고 말하는 사람이 많아요. 지금 보수가 이준석 신드롬을 외면하면 어느 순간 예전처럼 궤멸 수준으로 몰락할 수도 있어요. 저는 그 점이 안타깝습니다.

강희진 이준석 전 대표를 비판하는 사람들이 가장 많이 하는 얘기가 집단을 갈라치기 한다고 해요. 특히 청년을 남녀로 가르고, '이대남'을 자신의 정치적 자산으로 삼는단 것이죠.

허은아 예를 들어 여성가족부의 폐지 주장을 갈라치기라고 얘기한단 말입니다. 저는 생각이 좀 달라요. 제가 이준석 전 대표를 너무 옹호한다고 말을 할 수도 있겠지만 그의 메시지는 말의 의미 그대로 이해하면 안 된다고 봐요. 정치인들의 말은 어떤 식으로라도 언론에 나가야 해요. 만일 신문이나 방송에 널리 회자되지 않으면 말을 하지 않은 것이나 마찬가지예요. 그래서 이준석 전 대표가 주장하는 여성가족부 폐지는 메시지 자체에 주목하면 안 된다고 봐요. 다만 이준석을 공격하는 쪽에서는 그렇게 공격할 수 있습니다. 특히 민주당에서는 당연히 말도 안 되는 소리라고 공격을 하겠죠. 애초에 다분히 노이즈 마케팅 효과를 노리고 한 얘기니까요. 민주당이나 진보 진영 인사들이 그렇게 반응해야 토론의 장이 열릴 거란 말이죠. 그리고 이준석 전 대표가 지적한 여성가족부의 문제점은 틀린 게 별로 없어요. 그것에 대해서는 별다른 반박이 없어요. 그런 측면에서 여성가족부의 간판을 내리고, 불필요한 일은 없애고, 중요한 일은 다른 부서로 옮기면 된단 말이죠. 저는 이준석 전 대표가 핵심을 찔렀다고 봐요. 문제는 같은 당이나 같은 진영에서 여성가족부 폐지에 대해 공격을 한단 말이죠. 그런 공격은 저로서는 이해가 잘되지 않아요.

강희진 다분히 계산된 정치적인 언사란 말이네요.

허은아 계산된 언사라기보다는 훈련된 정치적인 발언이라고 저는 해석합니다. 동물적 감각으로 했던 발언인 것 같아요. 언론은 이준석의 메시지와 메신저를 동일시하면서 스토리를 만들어 가잖아요. 이미지 전략 측면에서 보자면 아주 탁월한 전략입니다. 실제로 셀럽들이 나와 어떨 때는 메시지를, 어떨 때는 메신저를 때립니다. 함께 때릴 때도 있고요. 언론과 정치판을 갖고 논다고나 할까. 물론 이런 과정을 부정적으로 볼 수 있지만, 이준석이 도덕적인 철학자가 아니라 끝없이 사람들의 입방아에 올라 회자되어야 존재 이유를 가지는 정치인이란 사실이 중요합니다.

강희진 의원님의 얘기를 듣고 보니 많은 정치인이 머릿속에 스쳐 지나갑니다. 트럼프, 박근혜. 노무현, 심지어 이재명도 떠오르네요. 저는 지난 대선에서 기본소득이 이슈가 될 줄 알았어요. 사실 기본소득으로 진보 진영을 매료시켰단 말입니다. 그리고 내용이 좀 구체화되자 논쟁이 일어났죠. 막상 대선장이 열리자 그 상품이 시장에서 사라져 버렸어요.

허은아 그렇다면 그것은 일종의 미끼 상품이었죠. 하지만 이미지 전략을 구사하지 않으면 선거에서 이길 수 없어요. 선거에서 크게 승리한 정치 지도자들은 본인이 감각적으로 탁월한 이미지 전략가이거나 이미지 전문가의 도움을 받은 사람들입니다. 그것은 한국의 정치사에서도 마찬가지입니다.

청년,
미디어로 정치에 입문하다

강희진 〈나는 국대다〉는 2021년에 TV조선과 유튜브 오른소리
채널에서 방송된 국민의힘 대변인 선발 토론 배틀이었습
니다. '나는 국민의힘의 대변인이다'라는 의미를 축약한
것이었죠. 이 정치적 행사에는 총 564명이 지원했고, 영
상 심사와 면접을 거쳐 살아남은 사람들이 16강에 올랐
습니다. 8강부터는 TV로 생중계되었고요. 최종 1, 2위는
당 대변인, 3, 4위는 당 상근부대변인으로 내정되었죠. 이
토론 배틀을 통해 등장한 젊은 정치 신인들을 어떻게 보
십니까? 특별히 주목할 만한 정치 신인이 있는지요?

허은아 기획 자체가 훌륭했어요. 무엇보다도 민주적으로 진행됐

습니다. 공개적이라 아주 공정하게 될 수밖에 없었어요. 그 때문에 상위로 선발된 사람들이 활동도 아주 잘 했고, 잘 하고 있습니다. 이런 식의 이벤트를 만들어 정치에 관심을 끌어모으는 것이 이미지 정치입니다. 예전에는 배틀을 통해 사람을 뽑기보다는 유력 정치인이 대충 자기 아는 사람을 데려다가 대변인으로 쓰는 게 일반적이었어요. 그런데 이벤트로 대변인을 선발해 국민들의 관심을 집중시켰습니다. 방법도 민주적 경쟁을 통해 선발됐기 때문에 그들의 능력도 충분히 믿을 수 있었죠.

선발 과정에서 기억났던 참여자는 김민규라는 국제고 학생이었습니다. 고3이라 공부하기도 바쁠 텐데, 배틀에 참여해 아주 신기하게 여겼습니다. 그 친구는 이준석 전 대표의 팬이었던 같았는데, 이 전 대표가 국민의힘의 외연을 얼마나 확장시켰는지를 증명한 증인입니다. 정치에 관심이 있다고 대학 입학시험을 앞둔 고등학생이 배틀 행사에 참여하기란 결코 쉬운 결정은 아니었을 겁니다. 김민규 군은 8위까지 올라갔는데 , 대선에서도 큰 역할을 했고 앞으로도 기대가 됩니다. 머지않아 다시 그 친구의 얼굴을 볼 수 있을 것이라 기대해 봅니다.

1등을 했던 임승호 씨도 정말 딱 부러지게 잘했어요. 원래 바른미래당 청년 대변인 출신이라 그런지 논리가 분명했어요. 언젠가 우리 보수당에 큰 일꾼이 될 것으로 믿어요. 임승호 씨는 공부를 더 하겠다고 로스쿨에서 법조인 수업을 받는다고 들었습니다. 저는 그것도 아주 좋은 선택이라고 생각합니다. 여의도에서 정치인으로 오랫동안 살아남아 자기 정치를 하려면 뭐든지 전문성을 가진 직업이 필요해요. 저는 정치 관련 전문직을 가진 사람이고, 이준석 전 대표는 방송인이라고 불러야 할 만큼 오랜 세월 방송에 출연한 논객입니다. 그러니까 저나 이준석 전 대표도 정치와 관련된 다른 직업을 가진 사람이었습니다.

상근 부대변인이었던 신인규 변호사는 지금도 충분히 정치인으로서의 역할을 잘하고 있다고 생각합니다. 양준우 씨는 디지털미디어 고등학교 출신으로 대학에서는 외교학을 전공했는데, 막상 자신의 꿈은 정치가 아니라 게임 쪽이라고 들었습니다. 조만간 게임회사에 취업한다고 합니다.

그리고 상근 부대변이었던 김연주 아나운서도 이번 배틀에서 발굴한 대변인입니다. 하지만 그는 이미 오래전에 유명 MC로 방송 활동을 해 왔던 분입니다. 그래서 우리 당 대통령 후보 경선 과정에서 대변인으로 활동을 했죠. 앞으로 시사평론가로 활동할 것 같습니다. 실제로 책임 있는 시사평론을 하기 위해 공부를 많이 한 것으로 알고 있습니다.

우리 보수당의 배틀 행사에 고교생부터 퇴임 후 새로운 일을 찾고 있던 유명 MC까지 모두 참가했습니다. 그리고 2등을 한 양준우 씨처럼 게임에 관심을 가진 청년도 배틀에 참가했습니다. 게임 일을 하겠다는 친구가 참여했다는 것은 정치 토론 배틀이 그만큼 흥행이 됐다는 겁니다. 이런 일은 일찍이 없었습니다. 보수당에 직업과 연령을 초월해 이렇게 다양한 분야의 사람들이 모여들었던 적이 있었나요? 정말 훌륭한 기획이었고, 젊은이들에게 기회를 제공하는 배틀이었습니다.

당신은 윤석열이란 상품을
선택했습니다

강희진   진보와 보수를 떠나 분석가들은 대체로 정권교체의 중요
한 원인이 부동산 때문이라고 말해요. 국민의힘의 경선
에서 윤석열 후보가 선정된 이유를 PI의 관점에서 보시면
무엇일까요?

허은아   서울시장 선거도 그렇고 대선도 마찬가지고, 부동산 문제
가 중요했죠. 문재인 정권은 부동산을 관리하려고 무진장
애를 썼단 말이죠. 그런데 부동산 가격이 계속 올라가고
젊은 친구들은 영원히 자기 집을 살 수 없는 상황이 만들
어졌어요.

강희진 지금 입장에서 보자면 좀 황당한데, 당시에는 심각했죠.

허은아 국민들은 부동산 정책 실패에 대한 책임을 물어 정권교체를 희망했어요. 그런 상황에서 국민의힘의 후보들이 저마다의 장점으로 경쟁을 했습니다. 지난 대선에서 윤석열 후보가 홍준표 후보나 유승민 후보를 이기고 국민의힘 대선 후보가 된 것은 정권교체가 가능한 후보라고 봤기 때문이에요. 아무리 열심히 대통령 수업을 하고 준비했다고 해도 여러 상황이 자기 쪽으로 기울어지지 않으면 안 됩니다. 그것을 천시(天時)라고 할 수도 있겠죠. 뭐라고 부르던 그것은 인간의 영역이 아닙니다. 그래서 대통령 사주를 타고났다는 말이 나왔을 겁니다.

PI 전략가는 그런 시대의 흐름을 파악하고 그 속에서 후보의 이미지를 극대화하는 역할을 합니다. 당시 후보들의 PI를 돌려보면 상황적 요인에 딱 들어맞는 사람이 대통령감이 되는 것이었죠. 대통령도 국민이 골라야 한다는 측면에서는 상품이란 말입니다. 소비자들이 언제나 객관적으로 좋은 상품을 선택하는 것은 아닙니다.

강희진 무슨 말씀인지 잘 이해가 되지 않네요.

허은아 가령 핸드폰을 사례로 들어봅시다. 완벽한 기능을 가진 스마트폰이라고 모든 사람이 그 제품을 선택하지 않아요. 나이 드신 분들은 구형 폴더폰을 선호합니다. 그동안 써 왔고, 가볍고, 저렴하고 무엇보다도 길이 든 제품이라 그 제품이 더 좋은 겁니다. 가장 좋은 제품은 소비자가 원하는 제품이죠.

강희진 아, 네. 유행 혹은 자기 취향 같은 것을 말씀하시는 거죠.

허은아 어떤 제품이 유통되기 위해서는 소비자들의 성향과 딱 맞아야 합니다. 지금은 선거를 얘기하는 중이니 유행이란 표현보다는 시대정신 혹은 시대의 흐름이라고 하죠.

강희진 당시 시대정신은 부동산이었나요?

허은아 부동산은 바로 돈이잖아요. 너무나 민감한 사안입니다. 이제 영원히 월세나 전세로 전전해야 한다는 절망감이 젊은 세대를 뒤덮었죠. 나중에는 영혼까지 팔아 집을 살 판이었으니까요. 실제로 그렇게 집을 산 친구들도 있고요. 당시 정권이 부동산 정책에 실패했다는 국민적인 공감대가 광범위하게 만들어져 있었단 말이죠. 더구나 LH 직원들의 토지매입 사건을 생각해 보세요. 고양이가 생선을 먹어 치운 꼴입니다. 나중에 참여연대 민생희망본부와 민변 민생경제위원회는 정부 발표를 불신하는 논평을 내고 그랬습니다. 투기 의심 사례에 포함하지 않은 국토부, LH 직원들의 토지거래현황을 투명하게 공개하라는 요구도 있었고요. 문재인 정권에 대한 불신이 아주 높았어요. 국민들은 당연히 비리가 있을 것으로 생각할 수밖에 없죠. 당시 신문을 보면 모피아를 능가하는 엘피아였습니다.

강희진 문제를 제기한 쪽이 참여연대와 민변 변호사들이니까요.

허은아 윤희숙 의원의 5분 발언도 기억이 납니다. 그러니까 저 사람들 때문에 우리는 벼락 거지가 됐다는 생각들이 팽배했죠. 상황이 이렇게 전개되면 사실은 중요하지 않아요. 어찌 보면 윤석열 후보가 후발 주자로 국민의힘이라는 보수 정당에 들어와 기존의 유력 정치인들을 이길 수 있었던 상황을 이해하려면 이런 상황을 충분히 이해해야 합니다. 일반 국민들은 홍준표 후보를 선택했는데, 당원들은 윤석열 후보를 선택한 이유도 마찬가지입니다. 당원들은 더 절박했기 때문에 윤석열 후보를 선택한 겁니다. 전 정권의 내로남불의 불공정과 비리를 청산하기 위해서는 정권을 바꿔야 하는데 윤석열 후보가 민주당 이재명 후보에게 확실하게 승리할 수 있는 카드, 즉 그들이 원하는 상품이었죠.

강희진 민주당과 싸울 사람도 중요하지만 이미 대선 당시부터 경제가 많이 어려웠습니다. 과연 국민들이 경제 전문가를 원하진 않았을까요?

허은아 경제적 능력도 중요한 선택 기준이었을 겁니다.

강희진 경제 전문가로는 유승민 후보가 유리해 보였는데요?

허은아 대선 당시를 생각해 보세요. 윤석열 대통령은, 당시에는 친화력, 즉 관계의 리더십이 강점으로 보였어요. 이준석 전 대표가 지방으로 내려갔을 때, 직접 찾아가 만나서 오해를 푸는 포용력도 보여주었습니다. 그것도 두 번이나. 윤석열 대통령은 분명히 인간적인 흡인력이 있었어요. 정치적 전문성은 좀 약할지 몰라도 사람들을 통합하는 능력을 보여주었어요. 뭔가 문제를 잘 풀어갈 것 같은 이미지가 충분히 있었습니다. 빠른 행동을 계속 보여주었단 말이죠. 사람들한테 문제를 풀 수 있는 사람이란 각인을 시킨 것이죠.

정치는 문제를 제기하는 사람이 아니라 문제를 풀어가는 사람을 필요로 하잖아요. 그것을 국민들이 잘 알아요. 그리고 막판의 결단을 전 국민이 지켜봤단 말이죠. 우여곡절이 있긴 했지만요. 물론 말실수와 토론에서 미숙한 부분도 많았지요. 그것은 국민들로서는 정치를 전문적으로 하지 않았기 때문이라고 생각했죠. 또한 본인의 부족한 부분, 가령 경제는 전문가를 불러 쓰겠다고 말했단 말이죠. 이런 것들이 통합의 이미지를 만들었어요.

그리고 주변으로 사람들이 많이 모여들었죠. 선거에서 왜, 무슨 목적으로 정치인이나 관료들이 모이는지는 중요하지 않아요. 모인다는 사실 그 자체가 중요합니다. 그러니까 사람들은 윤석열 후보의 부족한 부분은 저들이 채워줄 것이라고 본 거죠. 그런 부분들을 통해 국민들에게 상당한 신뢰를 확보했어요.

강희진   주변에서 많이 도와주었군요.

허은아   대선에서는 수많은 사람들이 도와주죠. 하지만 제일 중요한 것은 후보 본인의 의지예요. 본인이 받아들일 자세가 되어 있지 않으면 도울 수가 없어요. 그리고 이번 대선이야말로 이미지와 이미지의 충돌이었단 말입니다. 그런데 전략을 잘 구사했다고 봐요.

이미지의 충돌과
대통령 선거

강희진   지난 대선을 이미지의 관점에서 분석해 주시겠어요?

허은아   저는 AI 윤석열이 대선에서 단단히 역할을 했다고 봐요. 특히 선거에서 중요한 윤석열의 이미지를 많이 개선시키는 역할을 했어요. 제가 생각해낸 아이디어는 아니었지만요.

강희진   누구 아이디어였습니까?

허은아   이준석 전 대표가 했습니다. MBN 방송에서 AI가 앵커를 맡고 그랬잖아요. 그 업체를 찾아가서 상의해서 한 거예요. 저도 적극적으로 지지한 이유가 윤 후보의 단점을 보완해 줄 수 있겠다는 생각이 바로 들었어요. 저도 윤석열 후보의 부정적인 이미지가 만들어지고 있어서 걱정을 하고 있었죠. 당내 경선 때 언론으로부터 지적받은 것들이 있었어요. 만일 윤 후보의 메시지를 담아 동영상을 직접 찍으려고 했다면 시간도 없고, 후보가 힘들어 오세훈 시장 때처럼 할 수도 없었을 겁니다. 오세훈 시장은 대상 지역이 서울이었지만 윤석열 후보는 전국이었습니다. 그 힘든 일을 AI 윤석열이 다 한 셈입니다. 목소리를 녹음해서요. 윤석열 후보가 설명해 주지 못하는 부분들도 잘 처리해 주었어요. 그러니까 윤석열 후보의 숨어 있는 매력을 보여주었죠.

강희진   AI가 윤석열 후보의 역할을 충분히 소화했다는 얘기죠?

허은아   네. AI는 정말 너무 효율적이었어요. 또한 디지털 혁명에 맞게 시대 변화를 반영한 아이디어란 말이죠. 당연히 꼰대 이미지를 없애고 국민과의 소통에 상당히 중요한 역할을 했습니다.

강희진   그런 것을 오세훈 시장 선거 때는 왜 하지 않았을까요. 그

전에는 AI를 활용할 생각을 못 했어요?

허은아 외부인들이 잘 모르는 것 중의 하나가 아무리 좋은 아이
디어라도 후보가 싫다면 어쩔 수가 없어요. 윤 후보가 경
선에서 승리하자마자 다음 날 오찬을 했어요. 윤석열 대
통령, 이준석 대표가 홍대에서 만났죠. 저도 거기 갔어요.
곧바로 AI 관련 서류를 보여주면서 선택하게 했죠. 이 대
표는 나중에 가면 윤석열 대통령이 안 할까 봐, AI를 빨리
들이밀었다고 하더라고요. 그러니까 윤석열 대통령도 대
통령이 될 운이었죠. 선택을 잘했어요. 100개 정도를 얘
기했거든요. 그때 그 자리에서 복주머니 얘기도 한 거였
거든요. 어쨌든 그걸 선택한 것은 리더의 안목과 덕목인
거예요. 오세훈 시장 때는 그럴 시간도 정신도 없었습니
다. 후보가 결정되고 시간이 없었어요. 아시겠지만 당시
오세훈 후보가 최종 국민의힘 서울시장 후보가 될 줄 몰
랐거든요. 그러니까 AI 오세훈을 챙길 정신이 없었고요.

강희진 AI 말고 또 다른 선거 공신이 있다면 말씀해 주세요.

허은아 잘 아시겠지만, 이번 선거는 젊은 층과 노인층이 협력한
세대포위론이 먹혔어요. 저는 이준석과 원희룡의 역할이

아주 컸다고 봐요. 윤석열 후보가 '59초 쇼츠'로 공영방송 정상화와 체육시설 소득공제 공약을 공개했는데, 해당 쇼츠에는 윤 후보와 이준석 대표, 원희룡 지사가 함께 출연했단 말이죠. 그 때문에 윤석열 후보의 이미지가 달라졌어요.

대통령 선거에서 제일 중요한 것은 결단코 이미지에요. 여기서 말하는 이미지라는 것은 아주 사소한 것부터 출발해요. 가령 후보가 누구와 함께 사진을 찍느냐, 누구와 함께 다니느냐, 누구와 함께 밥을 먹고, 누구와 술을 마시느냐가 아주 중요합니다. AI도 후보의 이미지를 바꾸는 역할을 했단 말이죠. 이준석과 원희룡이 젊은 친구들에게 후보의 매력을 배가시켜 주었습니다. PI의 핵심은 '사람들은 다른 무엇이 아니라 매력에 반응한다'는 겁니다. 특히 이준석이 매력적으로 그 역할을 해 준 겁니다.

강희진   그것은 윤석열 후보의 매력이 아니라 이준석 전 대표의 매력이잖아요?

허은아   그게 아니에요. 일단 대선이 벌어지면 그 판에 뛰는 사람들은 후보의 거울입니다. 이준석 전 대표가 청년들에게 말을 하지만 윤석열 후보가 말을 하는 거예요. 그런데 윤석열 후보의 대리인인 이준석 전 대표가 청년 정책을 말하니까, 청년들이 얼마나 좋겠어요. 보통 대선에서 청년 정책이 이슈로 거론이 잘되지 않아요. 그런데 이준석이 윤석열을 대신해 자신들 눈높이에 맞춰서 청년 문제를 들고 나타난 겁니다. 감격할 수밖에 없어요. 젊은 대변인들도 있었잖아요. 그들도 윤석열의 이미지를 바꾸는 데 일조했어요. 그들 역시 대선 동안 기꺼이 윤석열 후보의 아바타가 되었죠.

강희진 대선 동안 이준석 전 대표와 윤석열 후보는 왜 따로 다녔나요?

허은아 전략적으로 투트랙으로 유세를 뛰었어요. 동서로 나눠 서로 다른 영역을 돌아다녔죠. 그러니까 저희와 대통령은 전혀 다른 지점을 돌아다녔습니다. 대통령이 경상도를 뛰면 우린 전라도를 뛰었어요. 서로 돌지 못하는 지역을 돌면서 중간에 한 번 만나고, 또 돌고 또 만나고 그런 식으로 진행했거든요.

강희진 후보와 당 대표가 역할 분담으로 떨어져 다닌 거군요?

허은아 그래서 잘 보이지 않았어요. 그런데 그게 아주 의미가 있었고, 또한 용기 있는 행보였어요. 대부분은 유세지원자들은 대통령 곁에 있고 싶어 하거든요. 그 옆에서 사진을 찍히고 싶어 하죠. 그래야 나중에 권력의 중심으로 들어가죠. 대통령실에 가고, 핵관이 되는 사람들은 그들이에요.

강희진 눈도장이란 항상 힘을 발휘하죠.

허은아 이준석 전 대표는 그렇게 안 했어요. 그래서 샅샅이 진짜로 현장을 다 다닌 거죠. 우리가 온라인 시대라고 하지만 또 다른 오프라인에 대한 갈구가 있거든요. 그런 욕망을 만나서 채워 주려고 한 거죠. 전라도 끝에 있는 섬과 제주도까지도 갔습니다. 그곳에 5명이 있든 10명이 있든 모두 만나러 갔어요. 그리고 이준석의 얼굴로 윤석열의 아바타가 되어 사람들을 모아 연설을 한 겁니다. 그들 중 혹시 윤석열에 대한 이미지가 좋지 않았다면 이준석이 깨끗이 씻어준 겁니다. 아시겠지만 이번 선거는 여론 조사 결과와 달리 민주당이 턱밑까지 쫓아왔어요. 그들도 이미지 전술을 능수능란하게 구사했단 뜻이에요. 이번 대선은 다른 어떤 선거보다 두 개의 이미지가 극적으로 충돌했고,

결국 우리가 청년의 마음을 돌려세워 승리한 겁니다. 결과적으로 국민들께서는 윤석열이라는 상품을 구매하신 겁니다.

미니 인터뷰 5

---

70 건강 유지 비결은?
잘 먹기.

71 좋아하는 계절을 순서대로?
여름, 봄, 가을, 겨울(추위를 많이 탐)

72 나이 50인데 꼰대가 되지 않는 법이 있다면?
듣기 7, 말하기 3. 가르치려 하지 말기, 배울 점 찾기, 딸과 매일 얘기하기.

73 본받고 싶은 인물은?
유재석(자기관리 등 철저)

74 100살까지 산다면 그때 하고 싶은 일은?
3대가 함께 「100년을 살아 보니」 대담집 출간.

75 청소년기에 존경했던 인물, 마흔 살 이후 존경하는 인물은?
엄마, 대처.

76 청년들에게 주고 싶은 선물, 들려주고 싶은 한마디?
당신 자신을 믿어라!

77 잠들기 전에 하는 일?
내일 할 일의 우선 순위를 선정.

78 로또 1등 당첨되면 누구에게 먼저 말할까?
남편.

79 당첨금으로 무엇을 먼저 살까?
대출 상환 후 남편 선물.

80 무엇이 우리를 꽃피우게 할까?
희망.

81 딸에 들려줄 한 줄, 인생 개똥철학은?
내 인생은 내가 책임진다.

Part 5

청년정치와
새롭게 열린 세상

청년정치의
가능성과 미래

강희진   이번 대선에서 윤석열 후보가 승리하는 데, 청년들이 상
당 부분 기여한 바가 있습니다. 그런데 현재 국민의힘에
서 내놓은 공약을 보면 청년 정책이 뒤로 밀리거나 심지
어 약속 파기가 일어나고 있습니다.

허은아   청년 정책은 이준석 전 대표가 많이 냈어요. 그가 펼친 정
책들이 참신했어요. 제가 국민의힘에 비례로 온 이유는
당의 외연을 확장하는 겁니다. 외연 확장을 위해 당의 이
미지를 쇄신할 필요가 있었죠. 그런 의미에서 이준석 전
대표가 청년의 지지를 끌어내는 것을 지켜보고 감탄했습
니다. 청년층은 우리 당에서 불모지나 마찬가지였고, 실

제로 그들을 유인할 묘책이 없었습니다. 거의 포기한 세력이라고 해도 과언이 아니었습니다.

저는 그들에게 친숙한 당의 이미지를 고민하고 있었습니다. 우리 당은 이번에 청년들의 지지에 힘입어 집권할 수 있었던 것도 사실입니다. 그 과정에서 했던 약속은 꼭 지켜져야 합니다. 청년들은 어른들보다 순수해서 약속은 지켜질 것으로 생각합니다. 더구나 대선 동안 했던 약속은 사적인 약속이 아니라 오랜 세월 한국을 이끌어 왔던 정당이 했던 약속입니다. 만일 그 약속을 지킬 수 없다면 왜, 그런 일이 생겼는지 솔직하게 말하고 그들과 지속적으로 소통해야 합니다. 젊은 친구들은 합리적이라 납득할 수 있는 이유를 말한다면 충분히 설득할 수 있을 겁니다. 제가 지난 선거 과정에서 만난 젊은 친구들은 아주 합리적인 생각을 가졌습니다. 그런 측면에서 지금의 당의 태도는 바람직하지 않다고 생각합니다.

강희진 청년층의 기대를 모았던 이준석 전 대표의 문제를 말하지 않을 수 없는 상황입니다.

허은아 그 문제는 앞으로 어떻게 진행될지 알 수 없습니다. 저만 그런 것이 아니라 대부분의 전문가도 이준석의 미래를 뭐라고 속단할 수 없습니다. 유명한 정치인이 했던 말이 있죠 '정치는 생물이다.' 그 말은 불변의 진리입니다. 그 말은 미래를 예단할 수 없다는 의미입니다. 저는 그렇게 이해합니다. 그리고 제 경험으로 정치는 생물이 아니라 괴물인 경우가 훨씬 많았습니다. 실제로 최근 우리 당의 상황이 그런 측면이 있습니다. 제 말은 특정 세력이나 특정인을 지칭하는 것은 아닙니다. 아무튼 이준석의 미래는 두고 봐야죠. 당분간은 침묵이 답이라고 생각합니다.

그리고 앞에서 말한 것처럼 제가 안타까운 것은 이준석 전 대표가 아니라 그로 인해 우리 보수당이 입게 될 정치적 타격입니다. 이미지는 한번 망가지면 복원하는 데 적잖은 시간이 걸립니다. 그리고 일부에서 '이준석의 대타를 찾으면 되지 않을까?' 그런 말들을 합니다. 그것은 이미지가 뭔지 PI가 뭔지 잘 모르는 사람들이 하는 말입니다.

강희진 요즘 청년들의 상황이 너무나 안타깝습니다. 취업이 되지 않아 삶의 중요한 일들, 가령 연애나 결혼, 혹은 어렵게 결혼했다고 하더라도 자기들 삶을 추스르기도 힘들어 출산을 포기하는 경우도 있습니다. 의원님의 경우는 젊은 정치를 지향하시는 분입니다. 그래서 그 친구들에게 하실 말씀이 있을 것 같아요.

허은아   청년들이 취업이 되지 않아 안타까움을 절망적인 상황이라고 말하는 사람들이 있습니다. 오죽했으면 한때, '헬조선'이란 말이 유행했을까요? 대한민국이 지옥이라 탈출하고 싶다는 내용이죠. 이것은 그들이 처한 현실을 극단적으로 표현한 단어라고 생각합니다. 하지만 저는 똑똑한 한국의 청년들이 이런 문제를 해결해 나갈 것으로 믿습니다. 제가 볼 때 최근 청년들 사이에 바람직한 현상이 일어나고 있습니다. 그것은 청년들이 정치에 적극적으로 자신의 의사를 표현하는 일입니다. 이른바 정치 고관여층인 청년들이 늘어나고 있습니다.

강희진   여야를 가리지 않고 정치에 젊은 바람이 불고 있는 것 같습니다. 청년이 정치에 깊은 관심을 보인다고 앞에서 의원님이 말씀한 그들의 삶이 바뀔 수 있을까요?

허은아   당장은 변하지 않을 수도 있습니다. 그러나 청년들 다수가 강하게 정치적인 의사 표시를 하면 그들이 생각하는 것보다 빨리 청년을 위한 정책들이 쏟아져 나올 수 있습니다. 정치는 자원을 배분하는 일입니다. 누구에게 무엇을 줄 것인가를 어떻게 결정할까요? 그 결정은 정치적일 수밖에 없습니다. 우리 속담에 우는 아이 젖을 더 준다는 말이 있습니다. 배가 고프니까 울고 우는 아이에게 밥을 많이 줄 수밖에 없습니다.

강희진 구체적으로 부연설명을 해 주신다면요?

허은아 최근 뉴스를 보니까 노량진에서 공무원 준비를 하고 있던 청년들 숫자가 확 줄었다고 하더라고요. 실제로 공무원 시험에 합격해도 월급이 적어 생활할 수 없다고 합니다. 그래서 청년들이 노량진에서 짐을 빼고 있는 것이죠. 그 것은 비단 공무원만의 문제는 아닙니다. 청년들은 취업이 되지 않는데, 중소기업은 사람을 구할 수 없다고 합니다. 그래서 외국인들을 쓰는 기업도 많잖아요. 물론 이주노동 자를 써야 한다면 써야죠.

하지만 우리가 해야 하는 일이 있습니다. 한국의 경우 대기업과 중소기업과 임금 격차가 아주 심각합니다. 그것은 제가 중소기업을 경영해 봐 잘 알고 있습니다. 저는 이런 임금 격차 문제는 청년들의 정치적인 목소리가 높아지면 사회적인 대타협을 통해 상당히 해결할 수 있다고 생각합니다. 상생을 위해 서로 조금씩 타협하자는 정치적 안을 만들 수 있습니다.

저는 청년들이 정치에 적극적으로 참여하면 세상을 바꿀

수 있다고 생각합니다. 이번 선거에서 그런 저력을 청년들이 보여주었단 말이죠. 저는 청년들이 하기에 따라 스웨덴에서 있었던 노사정 대타협, 살트셰바덴 협약의 다른 버전을 만들 수 있다고 봅니다. 노사정 대타협은 노사 상생 프로그램이죠. 청년들이 나선다면 SKY 중심의 학벌 체계도 바꿀 수 있다고 봐요. 청년들이 자기가 사는 지방의 거점 대학을 지정해 SKY 수준의 대학으로 육성해 달라고 하는 겁니다. 만일 그들이 중요한 정치 세력이라면 정치권에서 그들을 무시할 수 있을까요? 저는 청년의 적극적인 정치 참여를 독려하는 바입니다. 그들은 다음 세대 한국의 주인입니다. 그리고 권리 위에서 잠자는 자의 권리는 누구도 대신 찾아 주지 않습니다. 청년의 권리는 오직 청년이 찾아야 합니다. 그것은 오직 청년이 정치적 힘을 가질 때 가능합니다.

강희진　그런 일이 가능할까요?

허은아　그만큼 청년들의 정치 참여가 필요하단 뜻입니다. 정치가 할 수 있는 영역은 이해 당사자끼리 타협을 끌어내 시스템을 바꾸는 겁니다. 그것도 정치적 요구가 있으면 훨씬 빠르게 될 수 있다고 봅니다.

추가로 말씀드리면, 청년들에게 더 중요하게 드릴 말씀이 있습니다. 자기 방식의 삶을 찾으라는 겁니다. 자기가 진정으로 좋아하는 일을 하라는 거죠. 공무원이 되고, 대기업에 입사한다고 삶이 달라지는 건 아닙니다. 아무 생각 없이 남들이 좋다고 하니까 그냥 따라가는 것은 바람직한 삶이 아닙니다. 그런 사람들은 어떤 곤경에 빠질지 알 수 없습니다. 그리고 삶에서 주체적인 결정을 해 보지 않은 사람들은 자신이 고난에 처했을 때 벗어나는 방법을 모릅니다. 저는 2030 세대에게 발상의 전환을 하라는 조언을 합니다. 자기만의 삶을 가꾸어 나가겠다는 배짱을 가지길 원합니다. 만일 작은 인형을 만든다고 가정해 봅시다. 자신이 세계 최고의 인형을 만들겠다는 자세로 일하는 겁니다. 저는 그런 친구들이 세상을 바꾸는 다음 세대의 주역이 될 것으로 믿습니다. 이미 한국은 선진국이니까, 생각도 세계적인 수준에 맞게 했으면 합니다. 청년들일수록 그런 마음가짐이 중요합니다. 왜냐면 그들은 진정으로 한국을 끌고 갈 우리나라의 주인이기 때문입니다.

불굴의 청년상은
우상혁에게

강희진   의원님은 2008년 과학기술부가 주최하는 한국 우주인선
발 심사위원 중 한 분으로 참여해 고산 씨를 선정했습니
다. 나중에 차점자인 이소연 씨가 우주인이 되었지만요.
의원님은 만일 심사위원으로 참석해 오늘을 살아가는 청
년들을 상대로 '불굴의 청년상'을 수여한다면 누구에게
어떤 이유로 그 상을 주겠습니까?

허은아   한국 우주인선발 얘기를 잠시 드리면 당시 선발 과정이
좀 복잡했습니다. 워낙 사회적인 관심이 높았고, 심사는
긴장 속에서 꼼꼼하게 진행됐습니다. 사실 우주인 한 사
람에게 국민 세금 300억 가까운 돈을 투자하는 사업이었

거든요. 당연히 공정하게 이루어져야죠. 저는 3명의 교수와 한 팀으로 참여해 후보자들을 평가했습니다. 저희 팀에서는 이소연 씨가 점수가 훨씬 높았어요. 고산 씨의 경우는 아쉽게도 하위였습니다. 제 기억으로 4개를 평가했는데, 돌발 상황을 어떻게 대처할 것인가? 그것을 테스트한 내용이었습니다. 우주인은 언론 노출을 많이 할 수밖에 없어요. 언론 대응이라는 것은 준비할 수도 있지만, 성격상 순발력이 필수입니다. 이소연 씨는 아주 센스 있게 답변을 잘했습니다. 실제로 아주 능변이었어요.

강희진   당시 선발 기준이 한국 우주인 선발협의체는 우주인 후보 선발성적(30%), 러시아 전문가 평가(50%), 국내 우주과학 실험 평가(10%), 종합평가(10%)를 반영해 탑승우주인을 결정했던 모양입니다. 신문 기사를 찾아보니 당시 과기부 차관이 인터뷰가 있었어요. "두 후보 중 아주 근소한 차이로 고산 씨가 선발됐다."라고 했고, "러시아 훈련평가도 우주활동에 필요한 훈련 및 어학 문제에서 고산 씨가 다소 우수했다."라고 나와 있네요. 2008년 3월 고산의 관련 보안규정 위반으로 인해 이소연 씨가 우주인으로 교체되었습니다.

허은아   우여곡절 끝에 이소연 씨가 됐죠.

강희진   지금 이소연 씨는 뭘 하고 있나요?

허은아   지금은 한국계 미국인과 결혼해 미국에서 우주 관련 연구와 사업을 하는 것으로 알고 있습니다. 만일 제가 새롭게 심사위원이 되어 '불굴의 청년상'을 뽑아야 한다면 용감하게 아주 어려운 현실과 맞서고 있는 모든 청년에게 불굴의 청년상을 수여하고 싶습니다. 한국에서 살아가고 있는 청년들은 앞에서 말한 것처럼 좋지 않은 환경을 이겨나가는 진정한 영웅이죠.

강희진   그래도 특별히 한 사람을 정해 다른 사람의 귀감을 삼는다면 누구를 선택하겠습니까?

허은아   굳이 한 사람을 정해야 한다면 높이뛰기 선수 우상혁을 꼽겠습니다.

강희진   짝발로 금메달을 받았다는 선수 말이죠.

허은아   어릴 적에 교통사고 때문에 짝발이 되었다고 들었습니다. 어린 나이에 엄청난 일을 당한 것이죠. 또한 운동을 하기 위해 혹독한 감량을 했대요. 우상혁 선수는 무엇보다도 항상 해맑게 웃어요. 사람이 그렇게 웃기도 쉽지 않을 겁니다. 우리 청년들이 너무 힘드니까 잘 웃지 않아요. 그 때문에 그 친구가 눈에 들어왔는지 모르겠습니다. 저는 웃음이 상대에 대한 매너이고, 소통의 언어라고 생각합니다. 그리고 우상혁 선수는 운동하기 좋은 신체 조건이 아니라고 하더라고요. 그런 자신의 신체적인 핸디캡을 극복하고 세계 정상으로 우뚝 올라섰어요. 그러니까 정말로 불굴의 청년상을 받을 만한 친구입니다. 제가 앞에서 언급했던 BTS나 피아니스트 임윤찬, 높이뛰기 선수 우상혁, 그리고 오늘도 묵묵히 자기 자리에서 자신의 한계를 극복하면서 세상과 맞서 싸워나가는 젊은 친구들이 오늘 우리의 모습이고, 그들이 결국 한국의 국가 브랜드를 만들어 갈 것으로 생각합니다.

우크라이나 눈물에
침묵할 수 없어

강희진　우크라이나와 러시아의 전쟁으로 인해 청년 군인들의 희생뿐만이 아니라 민간인들의 희생도 기하급수적으로 늘어나고 있습니다. 지난 6월에 의원님께서는 전쟁 지역인 우크라이나에 다녀오셨습니다. 당시에 국민들이 놀라기도 하고 걱정이 많았었는데 의원님께서 우크라이나를 방문하게 된 계기가 있다면 무엇이었나요?

허은아　당시 우크라이나 여당의 다비드 아라하미아 대표가 공식 초청을 했습니다. 그래서 국민의힘 차원에서 〈한-우크라이나 자유 평화 연대 특별대표단〉의 일원으로 다른 네 분 의원님들과 함께 방문한 것이었고요. 특히 2월 말 전쟁이 시작됐을 때 한국과 세계에 평화의 메시지를 보내고 우크라이나 국민들과 마음으로 함께하자는 생각에 제가 SNS 릴레이 'sunflower 챌린지'를 시작했었습니다. 그런데 전쟁이 국지전에 그치지를 않고 생각보다 장기화되어 마음이 아팠고 당에서 방문계획이 있어 저라도 직접 가서 응원해야겠다는 생각을 했습니다.

강희진　Sunflower 챌린지는 해바라기잖아요? 무슨 의미가 있는 건가요?

허은아　우크라이나의 국화(國花)가 해바라기, Sunflower더라고요. 그래서 챌린지 이름을 그렇게 정했습니다. 우크라이나 국민, 해바라기가 고난에 처해있으니 지지와 연대를 보내자는 거였어요. 평화라는 절대적인 가치를 지켜내는 것이 세계 시민의 역할이고 한국인이 먼저 우크라이나인들에게 평화의 손을 내밀자는 의미를 담았습니다. 그래서 우선 국내에서 정당 편향이라는 오해 소지를 없애고 '평화의 메시지'라는 진정성을 담아내고자 빨강이나 파랑이 아닌 무채색 계열로 이미지화했었던 기억이 납니다.

강희진　포성과 공습이 일상인 위험한 전쟁지역에 간다는 결정이 쉽지는 않으셨을 것 같아요. 그럼에도 의원님께서 직접 가야겠다는 결심을 하게 된 특별한 이유가 있으셨나요?

허은아 전쟁으로 가장 큰 피해를 겪는 것이 군인보다 민간인이고 그 중에서도 여성과 아동이 가장 큰 위협을 받는다는 생각에 앞뒤 가릴 겨를이 없이 그냥 달려갔던 것 같아요. 또 저도 여성의 한 명으로서 우크라이나인의 아픔을 함께하고 극복하도록 응원하고 싶었고, 70년 전 전쟁의 폐허를 겪었던 대한민국의 국회의원으로서 우크라이나의 아픔을 남의 나라 일로만 외면할 수 없다는 생각을 했어요.

강희진 전쟁지역이고 당시 민간인의 피해가 막대해서 안전을 보장할 수 없었잖아요. 사실 매우 위험할 수 있었는데 의원님은 두렵지는 않으셨나요?

허은아 왜 두렵지 않았겠어요. 사실은 막상 공항 출국 게이트에 들어설 때는 두려움이 몰려오는 것을 저도 어쩔 수 없었죠. 출국하는 날 아침부터 탑승 직전까지도 전화를 걸어 "안전이 보장되지 않고 위험한데 여자라 더 걱정이 많이 된다"고 염려해 주시는 분들도 많았고요. 그런데 '위험하다'는 생각이 들수록 두 발이 먼저 움직이는 경험을 했어요. 제 머리와는 달리 가슴이 먼저 그곳으로 가야 한다고 움직였던 것 같아요.

강희진   지금 4개월 정도가 지났지만 우크라이나에서의 이야기들 좀 들려주시겠어요?

허은아   어린이 병원을 방문했을 때가 가장 먼저 떠오릅니다. 도대체 왜, 어떻게 시작되었는지도 모르는 전쟁터에서 아이들은 집과 학교가 눈 앞에서 사라지는 것을 봤고, 사랑하는 가족을 잃어버린 경우도 있었어요. 병원에서 아이들의 천진난만한 웃음을 보면서 무엇보다 한시바삐 전쟁을 끝내야 한다는 생각을 했고요. 언제 어디서 어둠의 그늘이 이 아이들에게 드리울지 모른다는 생각에 마음이 많이 아팠습니다.

강희진   네, 전쟁의 피해가 여성이나 어린이 등의 약자에게 더 크다는 것을 체감하신 것 같아서 저도 마음이 아파옵니다. 한편으로 키이우 등 우크라이나 도시들이 전쟁 피해가 참혹했던 것으로 알려져 있는데, 현지에서 우크라이나 국민들을 직접 만나시면서는 어떤 느낌들 받으셨어요?

허은아 우크라이나 국민들의 꿈이 산산이 부서지는 현장을 보고서 받은 충격을 잊지 못해요. 공습으로, 전차들이 쏜 포탄으로 도시가 무너지는 처참한 광경을 봤어요. 하지만 마을을 떠나지 않고 지키는 사람들에게서 희망을 보기도 했습니다. '폐허가 되어도 내 집은 내가 지킨다'는 의지를 읽을 수 있었어요. 우크라이나 사람들은 폐허가 된 도시, 부차로 돌아와 집집마다 국기를 내걸고 삶의 터전을 지키기 위해 결사 항전을 이어가는 것을 보았습니다. 그때 제 기억에는 우리나라 일부 사람들이 우크라이나가 항복 선언을 해야 추가적인 전쟁 피해를 막을 수 있다는 뉘앙스의 얘기를 하기도 했는데, '우리는 이긴다, 우리는 이긴다, 반드시 이긴다'는 우크라이나의 외침을 들었을 때는 무엇이 정의고, 어떻게 해야 하는지, 굳이 고민할 필요가 없었던 것 같아요.

강희진 다른 얘기인데요, 최근에 키이우의 한국인 거주지역이 포격을 받은 일이 있었는데, 당시에 현지에서 실제로 위험한 순간들도 있었을 것 같아요.

허은아 네, 당시 저희 국민의힘 대표단의 숙소가 있던 지역이 최근 러시아군의 공습을 받은 곳 부근이예요. 그러니까 생각보다 더 위험한 지역이었던 거죠. 당시에도 우리가 우크라이나에 도착한 날 밤 르비우의 숙소에서 한창 잠들어 있던 때에 미사일 경계 사이렌 소리를 듣고 크게 소스라쳤습니다. 우리가 급히 대피소로 뛰어 내려갔을 때 비로소 전쟁지역의 한복판에 있다는 두려움과 함께, 우크라이나 국민들의 절박한 위기를 동시에 느꼈다고나 할까요.

강희진 그렇게 절박한 순간에 한국의 여당 대표단이 지지와 연대의 방문을 한 것인데, 우크라이나 지도자를 비롯해 국민들이 매우 반겼을 것 같아요.

허은아 젤렌스키 대통령을 만났고 정부 관계자들과 여당 의원들을 만났는데요, 그들은 러시아의 침공으로 자신들이 겪고 있는 고통, 러시아의 만행 등을 국제사회에 있는 그대로 알리고 싶어 했습니다. 그래서 우리는 자유와 평화의 국제 연대가 절실하다며 공감대를 표했었고요. 한편으로 우크라이나 정치인들은 당시 전쟁으로 모든 나라가 우크라이나를 떠나간 때에, 한국의 국민의힘 대표단이 가장 힘들 때 관심을 갖고 성의를 보여준 것에 대해 "한국과 우크라이나는 진정한 친구, 우방국"이라며 진심으로 감사해 했습니다.

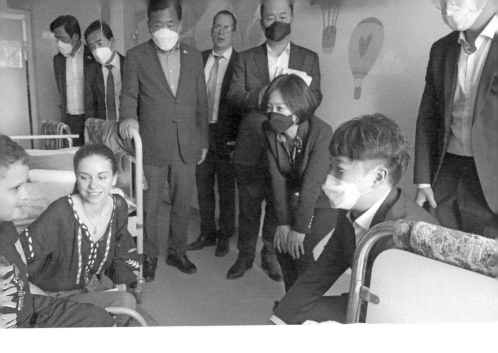

강희진   진정한 친구는 힘들 때 함께하는 친구라고 하잖아요. 국
가 간의 연대와 협력도 마찬가지라는 것을 저도 깨닫게
됩니다. 그런데 지금도 전쟁이 끝나지 않고 있고 심지어
러시아가 전술핵 공격 위협을 하기도 하는데, 지금 한국
과 국제사회가 우크라이나 국민을 돕기 위해 무엇이 필요
하다고 생각하세요?

허은아   무엇보다 국제사회가 자유와 인권은 결코 타협의 대상이
될 수 없다는 것에 공감하는 분위기, 전쟁을 중단하라는
국제사회의 압력이 중요하다고 생각합니다. 최근 국제사

회에서 러시아에 대한 비판적 분위기가 점점 더 확산되고 있는 것은 좋은 분위기라고 생각해요. 또 러시아가 병합했던 우크라이나 서부지역에서 우크라이나 군대가 승기를 잡고 있는 것도 좋은 징조입니다. 하지만 우크라이나 사람들은 여전히 큰 고통을 받고 있잖아요. 국제 인도주의 NGO들이 많은 활동을 하고 있지만 의약품, 기저귀, 장기보관 식품 등 구호물품은 늘 부족하다고 합니다. 그래서 그런 현물 지원이 필요한 것으로 알고 있고, 그 밖에도 다양한 방식으로 우크라이나 평화를 위해 지원하는 일도 필요합니다. 또 우크라이나 정치인들은 종전 후의 재건 시기에 한국 정부와 기업이 많은 도움을 줄 것도 요청했어요. 앞으로 그런 부분의 지원이 필요할 것이라고 생각을 해요.

강희진 네. 지금까지도 국제사회가 우크라이나를 지원해 왔지만 여전히 인도적 지원이 필요하다는 말씀에 공감이 갑니다. 무엇보다 이 전쟁이 조속히 끝나는 것이 바람직하겠죠.

허은아 네, 저도 그러기를 간절히 바랍니다.

공간에 대한
혁명이 일어난다

강희진   한국은 IT 강국입니다. 후발 선진국으로 앞선 선진국을 따돌리고 미래로 나갈 수 있는 원동력은 IT입니다. 그런데 IT가 만든 메타버스, 그 가상공간 덕분에 이제 우리 땅이 한반도에 한정되지 않습니다. 이제 이미지 세상은 선택의 문제가 아니라 생활의 문제가 될 것 같아요. 이런 세상을 위해 이미지 전문가로서 하실 말씀이 있으면 해 주시죠.

허은아   제가 메타버스 관련해 법안도 내고 했어요. 저는 전혀 다른 세상이 우리 앞에 펼쳐질 수 있다는 생각을 합니다. 메타버스로 인해 공간에 대한 혁명이 일어날 수 있습니다.

콜럼버스가 발견했던 아메리카 대륙보다 더 광활한 공간이 눈 앞에 펼쳐질 것으로 봐요. 제가 앞에서 누누이 말씀드린 것처럼 이미지는 절대로 허구나 가짜가 아닙니다. 그것은 현실을 규정하는 강력한 힘입니다. 앞으로 이미지 공간인 가상의 세계에서 돈을 벌고, 그 돈을 현실에서 사용할 수 있을 겁니다. 메타버스는 바로 그런 세상을 우리에게 선사할 겁니다. 저는 가상공간에서 번 돈으로 현실을 살아가는 인류가 곧 출현할 것으로 생각합니다. 결국 이미지는 더 이상 이미지가 아닌 세상이 도래한단 뜻입니다.

강희진 무서운 세상이 될 수 있겠네요.

허은아 뭐든지 모르면 무서운 법이죠. 그러니까 알고 준비를 하고 있으면 즐길 수 있습니다. 메타버스의 가상 세계도 마찬가지라고 생각합니다.

강희진 꼭 필요한 자세가 무엇일까요?

허은아 유연한 사고가 필요합니다. 내 안에 갇혀 있으면 안 돼요. 우리 세대나 윗세대를 메타버스의 관점에서 보면 불청객이고 손님이죠. 우리 자식 세대는 게임을 하고, 핸드폰으로 놀고 쇼핑하고 공부도 하고 친구도 사귑니다. 다른 무엇보다도 PC가 일상이 되면서 노마드의 삶을 살고 있습니다. 아이들은 그 세계의 주인입니다. 그들은 이미지를 일상으로 접해왔고, 자신이 그 세계를 만들기도 했습니다. 그들에게 이미지의 세계는 낯선 공간이 아닙니다. 어쩌면 현실 공간보다 더 친숙한 공간일지 모릅니다. 그런데 불청객이나 손님이 주인이 되고 싶다면 마음을 활짝 열어야죠. 자기 안에서 깨치고 나와야 해요. 모르겠다면 외면하지 말고 배워야 합니다. 기성 세대는 그런 삶을 살아본 적이 없으니까 낯설 뿐입니다. 실제로 어르신들이 나라에서 제공하는 컴퓨터 수업에서 코딩을 배우고 있잖아요. 그런 자세를 가져야 한다고 봐요. 그분들은 제2의 제3의 인생을 살 수 있습니다.

강희진 좀 더 자세히 설명해 주신다면요?

허은아 메타버스란 무엇인가요? 그 가상의 세계에서는 하나의 정체성을 요구하지 않아요. 핵이 분열하는 것처럼 자신의 아이덴티티가 여럿이 될 수 있어요. 근데 완전히 아이덴티티 자체를 바꿀 수도 있어요. 그들 각자가 그 세계에서 다른 자기로 생활을 하는 거죠. 내가 아니고, 내 몸이 아니니까, 자유를 만끽할 수 있을 것 같아요. 현실에서 음치이고, 몸치라 전혀 할 수 없었던 가수나 댄서가 되어 유창하게 노래를 부르고 유연하게 몸을 흔들면서 춤을 출 수도 있는 거죠. 자신이 가수가 되고, 댄서가 된다고 생각해봐요. 그 자체로 흥분되는 일이죠.

강희진 정체성의 혼란이 올 수도 있지 않을까요?

허은아 이미지 세상에서 분열된 삶을 살지 않으려면 철학이 중요하다고 생각해요. 자신의 아이덴티티가 더 필요한 겁니다. 제가 실제로 메타버스 은아를 만들어봤어요. 분명한 자기 철학과 아이덴티티가 있어야 유행에 휩쓸리지 않는 자신을 만들 수 있겠더라고요. 그러지 않으면 누군지도 모를 자신이 그 속에 있는 겁니다. 어쩌면 또 하나의 나를 경험하는 것을 즐길 수도 있을 겁니다. 그래서 우리는 더 열심히 책을 읽고, 세상과 소통하는 공부를 해야 합니다. 이미지와 모래 먼지 휘날리는 노마드 세계에서 자기를 지키려면 중심을 잡아야죠.

강희진 의원님의 말씀을 듣고 보니 정말로 사막의 모래 폭풍이

밀려오는 것 같네요.

허은아　말뚝을 분명히 세우지 않으면 그냥 모래바람에 날려 가버리는 시대에 우리는 살고 있어요.

국가를
브랜딩하고 싶어요

강희진 의원님께서는 국가 브랜딩에 대해 자주 말씀하셨습니다.
또 국가 브랜딩을 통합적으로 관리할 필요가 있다고도 하
셨어요. 그런 말씀을 하신 이유라도 있습니까?

허은아 저랑 함께 선거에 참여한 적이 있는 지자체 시장님께서
그동안 제가 해 왔던 운동이나 일들을 눈여겨보시고 허
의원은 국가 브랜딩에 신경을 쓰는 것이 어떻겠느냐는 말
씀을 진지하게 하신 적이 있어요. 그분도 이미지나 디자
인에 대한 남다른 식견을 가지신 분이거든요.

강희진 유력 정치인의 추천이 있었군요.

허은아 저는 한때 매너 강사라는 신분이었고, 배려 차원에서 시작한 일이었는데, 돌이켜 보면 그 운동이나 일들이 일종의 국가 브랜딩 작업이었습니다. 그런데 우리나라가 국가 차원의 브랜딩이 필요하다고 느꼈을 때가 있었어요.

강희진 특별한 계기가 있었단 말씀입니까?

허은아 저는 해외 사업을 해봤고, 해외 AICI(Association of Image Consultants International)라고 해서 글로벌 협회 활동을 했었습니다. 우리나라에서 그 협회의 유치를 위해 컨퍼런스를 정말로 많이 돌아다녔어요. 제가 서울시에 찾아가 컨퍼런스를 유치해 올 테니 도와달라고 하면 자신들은 도울 게 없다는 거예요. 그래서 브로슈어라도 얻어 제가 현장에 가서 제 돈으로 부스를 만들어 한복을 입고 대한민국을 홍보했어요.

강희진 어디서 했습니까?

허은아 미국에서 협회 컨퍼런스가 1년에 한 번씩 있었어요. 요즘은 2년에 한 번씩 하죠. 거기에서 전 세계 이미지컨설턴트들이 다 모입니다. 제가 CIM이라는 국제 자격증이 있는데요, 사람들과 만나면 아직도 한국을 모르는 사람이 있어요. 제가 컨퍼런스를 우리나라에 유치하려고, 뭐라도 공짜로 자꾸 주니까 이 사람들은 되게 신기해했어요. 외국인들은 공짜가 없거든요. 1달러라도 받고 팔아야 해요. 제가 브로슈어를 지도부에 주었어요. 얼마 뒤에 회의가 있었습니다. 다음 컨퍼런스를 아시아에서 하자는 말이 나왔고, 대부분 일본에서 하자는 분위기였어요. 제가 대한민국 서울에서 하면 어떻겠냐고 말하자 충격적인 얘기를 하더군요.

강희진 무슨 얘기였죠?

허은아 허 박사 당신이 무슨 말을 하는지는 알겠는데, 지금 컨퍼런스가 열리고 있는 이 장소를 보면 알겠지만, 상당히 큰 호텔이 있어야 해요. 그렇게 말하더라고요.

강희진 그들은 우리나라에 컨퍼런스를 진행할 만한 큰 호텔이 없다고 생각한 거군요. 우리나라가 올림픽을 개최한 지가 언젠데요.

허은아 어이가 없었어요. 그래서 책자와 브로슈어를 들고 가서 보여주면서 설명했죠. 물론 그 사람들이 나이가 좀 있는 분들이긴 했어요, 하지만 외국에 나가 보면 아직도 삼성 이 우리나라 기업인지 모르는 사람이 많아요. 한국 기업 중에는 '메이드 인 코리아'를 내세우지 않는 경우도 있거 든요. 제가 외국을 다니면서 봤잖아요. BTS와 한류 덕분 에 많이 좋아지긴 했어요.

강희진 체계적인 국가 브랜드 관리가 필요한 상황이군요.

허은아 제가 지금 그 얘기를 하는 겁니다. 그리고 이제 한복 입고 경복궁 보여주고 그런 국가 브랜딩보다 새로운 방법을 찾 아야 합니다. 이제 한국은 내세울 게 많아요. 우리는 한류 가 있고, 세계적인 IT 국가란 말이에요. 또한 국가 브랜딩 은 밖에서만 하는 게 아니에요. 우리나라에서 컨퍼런스를 해 보면 전문가들이 많습니다. 홍대거리를 만든 분들은 국가 브랜딩 전문가라고 할 수 있죠. 외국인들이 보면 감 탄하잖아요. 진짜 역동적인 코리아구나.

강희진 그런 것들이 하나하나가 국가 이미지, 브랜딩 작업이군 요.

허은아   국가 브랜딩이 체제적으로 되기 위해서 여러 가지 문제들을 종합적으로 해결해야 합니다. 가령 기업을 예로 들어 보죠. 크게 볼 때 국가와 기업은 닮은 구석이 있어요. 또 현대 국가라는 것이 하나의 거대한 기업적인 성격을 가지고 있죠.

기업은 고객을 상대로 한 서비스에서 시작한단 말이죠. 그런데 사람이 하다 보니까 사람만으로는 서비스가 바뀌지 않는다는 걸 알게 된 거죠. 휴먼웨어만으로 안 돼요. 이게 되려면 저희는 소프트웨어라고 하는데, 기본적인 시스템을 바꾸어야 합니다. 시스템이 바뀌고, 그다음에는 매장 디자인을 바꿔야 한단 말이죠. 그 디자인이 보기 좋은 것만이 아니라 편리한 동선 관리가 되어야 하거든요, 소프트웨어만이 아니라 하드웨어도 변해야 한다는 거죠. 하드웨어도 소프트웨어가 통합적으로 함께 돌아가야 해요. 그런데 기업에서 본질적인 문제를 해결하려다 보면 인사 문제가 있어요. 그러다 보니 팀장급이나 관리자급에 대한 교육이 필요해요. 그리고 교육 컨설팅을 하다 보면 이걸로 되는 게 아니구나 싶어서 임원 교육까지 갑니다. 점점 공부하면서 임원들의 PI를 하게 되죠. 제대로 하려면 이렇게 될 수밖에 없어요.

결국에는 모든 것이 연결되어 있다는 것을 알게 됩니다.

아주 자연스러운 과정입니다. 그리고 글로벌 기업은 외국을 상대하니까, 국가 브랜딩이 제대로 되어 있지 않으면 제품에 대해 원래 받아야 하는 가격보다 덜 받는 일이 일어나죠. 다시 말해 국가 브랜딩이 국제 경제 질서에 영향을 주는 겁니다. 국가 브랜딩이 단순한 이미지 차원의 문제가 아닙니다. 바로 경제인 것이죠. 이번에 미국에서 현대와 기아의 전기차 베터리에 대해 보조금 지급을 제외한 것을 보세요. 저는 이것이 국가 브랜딩과 관련이 있다고 생각해요. 기업이나 정부가 관리를 잘못했든지 아니면 미국이 우리를 무시했든지. 전부 브랜딩의 문제라고 볼 수밖에 없어요.

강희진 국회의원이 되기 전부터 이런저런 사회 활동을 하셨습니다. 프리맘 배려운동이나 9월 6일 프리맘 데이는 획기적인 사회운동이라고 생각합니다. 정부나 지자체에서 나서는 바람에 의원님이 힘 있게 추진하지는 못했지만요. 그리고 뒷사람을 위해 출입문 잡아주기라든지 불결한 화장실 문화 개선 운동이라든지. 그리고 의원님은 초선인데도 적지 않은 일을 했습니다. 그런 일들이 전부 국가 브랜딩과 관련이 있는 것 같네요.

허은아   제 전공은 정치학도 경제학도 아닌 마케팅이고 저는 브랜딩 전략가로서 정치가 못하는, 경제가 할 수 없는 일을 하는 사람입니다. 아무리 훌륭한 정치적 식견과 탁월한 경제 정책을 갖고 있다고 해도 커뮤니케이션을 제대로 하지 못하면 국민에게 그 식견과 정책이 효율적으로 전달되지 않습니다. 사람들이 이미지의 중요성을 알지 못하고 정치인들이 이미지를 가벼이 생각할 수는 있겠지만 앞에서 말씀드린 것처럼 이미지는 우리 시대 소통의 언어니까요. 정치의 마지막은 결국 소통을 통한 설득이라는 데에 이미지의 중요성이 있다고 생각합니다.

강희진   의원님께서 그동안 당내에서 이미지 전략가로 제대로 대접을 못 받은 것 같습니다. 또한 당에서 이미지 전략에 대한 이해가 조금 부족한 것 같고요.

허은아   그것은 제가 이미지 전략을 통한 브랜딩에 대해 알기 쉽고 충분히 어필하지 못했기 때문이라는 생각이 들어요. 미국을 포함한 선진국에서 이미지 전략가들은 선거만이 아니라 국정운영에 있어서도 의미있고 중요한 판단을 합니다. 그것이 꼭 이미지 전략가란 이름이 아니라도 말입니다. 소통의 전문가, 브랜딩 전문가로서 앞으로 국가를 긍정적으로 브랜딩하는 정치인이 되겠다는 것이 저의 앞으로 10년의 목표입니다. 사람은 자신이 잘 할 수 있는 일을 해야만 성과가 나오는 법이죠. 더구나 나라의 이미지를 만드는 일처럼 중요한 일은 다양한 분야의 전문가와 브랜딩 전문가가 함께 머리를 맞대는 것이 필요합니다. 저는 직업이 직업인지라 많은 나라를 방문해 보았습니다. 이제 한국은 세계 어디에 내놓아도 뭐 하나 빠지지 않는 나라가 됐습니다. 그럼에도 불구하고 국가 브랜드는 그리 높다고 할 수 없습니다. 저는 정치가 나서서 국가 브랜드를 높일 수 있는 방법을 찾아야 한다고 생각합니다. 저는 오랫동안 사람을 브랜딩했습니다. 많은 선거에 참여하며 그 사람의 리더십과 정책을 브랜딩하는 일을 해 왔죠. 그리고 국가 최고 지도자를 뽑는 이미지 전략에 참여하면서, 대한민국을 브랜딩하는 일이 반드시 필요하고 제가 가진 달란트를 최대한 끌어내서 그 작업을 시작해야겠다는 생각을 했습니다.

강희진   구체적인 방안이 있나요?

허은아   국가를 말하기 전에 서울을 한번 생각해 봅시다. 저는 서울을 브랜딩하는데 봉사를 많이 했어요. 제가 외국을 돌아다녀 봐도 서울만큼 역동적인 도시를 찾을 수가 없어요. 노벨문학상 수상 작가인 르 클레지오도 비슷한 얘기를 했던 것으로 알고 있습니다. 작가만이 아니라 서울을 주의 깊게 둘러본 도시에 관한 안목 있는 외국인들은 죄다 그런 말을 할 겁니다. 하지만 이곳에 사는 사람들은 자신들이 사는 서울이 참 괜찮은 도시인지 모르는 것 같아요. 서울은 앞으로 더 근사한 도시로 변할 가능성이 무궁무진한 도시입니다. 서울을 삶의 여운이 남는 근사한 도시로, 시민의 주거와 복지, 문화가 살아 있는 도시로 브랜딩할 필요가 있어요. 그것은 서울에 대한 제 생각이고요.

한국은 아시아에서 가장 주목받는 국가가 되었습니다. 이미 많은 영역에서 일본을 앞지른 상태입니다. 일본의 경우 자국의 저명한 학자조차 앞날이 없다고 말할 정도입니다. 암울하다는 정도가 아닙니다. 부유층은 일본을 버리고, 젊은 친구들은 더 좋은 임금을 찾아 일본을 벗어나고 있는 상황입니다.

앞으로 아시아의 중심 국가로 한국은 세계를 주도하기 위해 국가 브랜딩이 무엇보다도 필요합니다. 물론 그 일은 앞에서 말한 것처럼 여러 문제가 중첩적으로 걸린 일이라 혼자서는 할 수 없습니다. 그것을 종합적으로 통괄할 수 있는 시스템이 필요합니다.

국가를 브랜딩한다는 것은 한국만의 글로벌 소프트파워를 만들어가는 일이라고 생각합니다. 경제와 한류 영역에서는 이미 정책적 지원이 필요없을 만큼 유명하지만 그것만으로 국가 브랜딩의 충분 조건이 되긴 어렵습니다. 그래서 우리나라의 강점인 민주주의와 복지, 도시 정책은 물론 다양한 분야의 전문가들이 함께 아시아에서, 세계에서 한국이라는 브랜드를 어떤 방향으로 어떻게 만들어 갈 것인지 체계적으로 준비할 필요가 있습니다. 만일 제게 기회가 주어지면 그런 작업으로 국가에 기여하고 싶다는 생각을 합니다.

강희진　셧다운제라든가 신동북공정에 대한 우회적인 발언이라든가 멀리 프리맘 배려운동은 결국 국가 브랜드와 관련된 일이었어요.

허은아　그 당시 국가를 브랜딩해야겠다는 목적의식을 갖고 있었던 것은 아니에요. 그때 자신에게 주어진 일에 충실했을 뿐이었죠. 그런데 일을 하다 보니 저도 모르게 제가 국가 브랜딩을 위한 작업을 하나씩 하고 있었던 겁니다.

제가 당에 건의하고 있는 정책적인 부분들이 전부 브랜딩에 관련된 것들입니다. 제가 추진해 온 반려동물을 위해 필요한 법안이나 동물병원의 치료비 표준화 등은 선진국에서는 이미 실시되고 있거든요. 이런 정책을 입안하는 것 자체가 국가 브랜딩 작업이라고 할 수 있습니다. 최태원 SK 회장이 SBS에서 보조 MC와 함께 방송을 하더군요, '식자회담'이란 방송이었어요. 대상 상금 1억 원을 걸고 진행하는 '국가발전 프로젝트 공모전'의 맛보기 오디션 '아이디어리그' 방송이었어요. 그때 나온 아이디어들을 보면, 대상을 받은 '사소한 통화'의 이봉주 씨와 '코리아 게임'의 윤서영 양, '우리 동네 병원'의 김진현 씨, '폐업도 창업처럼'의 백명기 씨 등이 출연했습니다. 저는 이 프로그램 기획이 무척 마음에 들었어요. "국가발전 프로젝트 공모전의 핵심은 대상을 뽑는 것보다 아이디어를 사업화해 국가발전에 기여하는 것"이라고 했어요. 저는 이것이 국가 브랜딩에 관한 내용이라고 생각해요. 최태원 회장이 하는 이런 프로젝트만큼 개인이 하는 행동 하나하나도 중요하고요.

제가 파리에 갔을 때, 에펠탑을 가기 위해 한 할머니께 길을 물었는데 그분이 당신이 영어를 못하니까 내 손을 잡고 가자면서 버스를 함께 타고 에펠탑까지 데려다 줬습니다. 20대 초반의 일인데, 그걸 아직까지 인상깊게 기억하고 있습니다. 그 할머니 때문에 프랑스는 너무나 친절한

나라가 된 거죠. 90년대 초반 하와이에서 승강기 앞에서 한 꼬마가 레이디 퍼스트라고 외치면서 제게 먼저 타라고 권했어요. 한국인들은 모르는 사람에겐 인사조차 잘 하지 못하잖아요. 외국의 공항이나 매표소에 가면 사람들이 환하게 웃는 모습을 쉽게 볼 수 있습니다. 저는 웃음이 인간이 가져야 하는 최고의 덕목 중 하나라고 생각해요. 그런데 우리나라는 공항에서도 매표소에서도 사람들의 웃음이 잘 보이지 않아요. 1,000년 전 바이킹 해적의 후손들은 저렇게 친절한데, 500년 전에 인의예지(仁義禮智) 선비들의 나라인 조선의 후손들이 이렇게 무뚝뚝하다는 건 말이

안되잖아요.

대한민국 브랜드는 결국은 사람입니다. 우리나라 사람들은 누구나 마음속에 사실은 친절함이 있거든요. 사람들이 그것을 잘 표현하지 못할 뿐이죠. 지금은 예전보다는 좀 좋아졌지만, 아직 갈 길이 멀어요. 사람과 기업이 좋은 브랜드가 돼야 하고, 정치와 정책, 정부가 좋은 브랜드가 돼야 합니다. 그것들이 모여서 대한민국이라는 국가 브랜딩이 완성된다고 생각합니다.

강희진 이쯤에서 대담을 마감할까 합니다. 긴 시간 동안 의원님께서 살아오신 이야기, 이미지 전략의 시점에서 바라본 정치적 사회적 이슈들을 분석해 주시고 정리해 주셨고 흥미로웠습니다. 청년정치에 대한 기대와 국가를 발전적으로 브랜딩을 해 보시겠다는 꿈도 반드시 이루어지시기를 간절히 바랍니다. 감사합니다.

허은아 수고하셨습니다.

허은아를 이해하기 위한 40가지 핵심 키워드

01. 이미지 정치

이미지 정치가 왜 중요한지 극명하게 보여준 사례로는 1960년 미국 대통령 선거에 나온 케네디 후보와 닉슨 후보의 사상 첫 텔레비전 토론회가 대표적입니다. 젊고 건강한 이미지를 부각한 케네디는 차분한 논리를 앞세워 닉슨을 압도했던 것이죠. 결과는 우리가 충분히 알고 있고, 이미지가 정치에 미치는 영향이 어마어마하다는 사실을 인정해야만 할 것입니다.

02. 옷

소설가 헤밍웨이가 나이가 들어 빨간 옷을 주로 입었다고 해요. 그것은 자신이 아직도 늙지 않아 글을 쓸 수 있는 열정이 남아 있는 작가라는 표현이고, 자신에 대한 다짐이었다고 분석할 수 있습니다. 고리타분한 사람일수록 밝고 환한 옷, 그야말로 스타일리시한 옷을 입어야 합니다. 그렇게 입고 다니다 보면 행동이 좀 바뀝니다. 유행을 따라가려고 하고, 젊고 활기차게 행동하게 됩니다. 실제로 그렇게 돼요. 그러면 생각도 바뀔 수 있는 겁니다. 생각이 바뀐다면 운명도 바뀔 수 있겠죠.

03. 이미지의 영향력

저는 이미지의 영향력을 믿기 때문에 그런 말들이 결코 황당한 표현이라고는 생각하지 않아요. 그리고 옷은 다른 사람에게 그 사람을 각인시키는 강한 인상, 이미지를 만드는 역할을 많이 하죠. 마크 저커버그는 두 가지 색깔의 윗도리만 입고 다니면서 오직 페이스북 경영에만 집중하고 있다는 자신의 아이덴티티를 보여주었습니다. 그것은 아주 개성적인 이미지의 연출입니다. 저커버그는 무의식적으로 그런 선택을 했을 겁니다. 좋은 이미지는 부지불식간에 드러나는 법이죠. 저커버그는 자신의 이미지로 페이스북의 기업 가치를 상승시켰습니다.

04. 국회을원

저는 국회의원이 됐지만, 여전히 을의 정체성을 가진 사람입니다. 슈퍼갑, 혹시 그런 의원님이 있는지 모르겠으나 저와는 상관없는 얘기입니다. 저는 어려운 환경에서 역경을 겪고 오늘 이 자리까지 올라왔고, 그래서 지금도 '을'의 입장에 처해 있는 청년, 약자를 위한 정치가 어떤 것일까를 늘 생각하는 '을'인 국회의원이라고 생각해요.

05. 담임선생님

'내가 너를 1년 동안 지켜봤는데, 너는 똑똑하고 외모도 괜찮고 그 직업이 네게 맞을 것 같다. 외국에도 자주 다니고, 그 일을 하다가 다른 길이 열릴 수도 있어.' 그러면서 인하공업전문대학 항공운항과라는 학교를 소개해 주었어요. 그래서 시험을 보게 됐죠. 하여간 재수를 할 수도 없는 상황이었고요. 그런데 경쟁률이 엄청났죠. 무려 100대 1이었어요. 저는 그런 경쟁을 뚫고 차석으로 합격했어요.

06. 항공사 승무원

사실 항공사 승무원이라는 직업도 중노동 맞아요. 하지만 어떤 자세로 일을 하느냐가 매우 중요한 것 같아요. 만일 자신이 하는 일이 3D 업종이라고 생각하면 일을 하고 싶겠어요? 자기 일에 대한 자존감이 생기겠어요? 국제선을 탈 때는 시차 때문에 힘들어요. 하지만 저는 일을 하는 동안 행복하고 재미있었어요. 그런 자세로 임하다 보니까 남는 시간을 활용할 여유도 생기더라고요.

07. 디스크

디스크 때문에 인생이 완전히 바뀌었죠. 바로 대학에 입학하지는 않았어요. 당시에 대한항공 승무원 출신들을 여기저기 회사에서 많이 찾았습니다. 그래서 이직이나 취업은 어렵지 않았어요. 제가 선배 언니들에게 사정을 얘기하고 이것저것 물었죠. 그중 한 분이 뜬금없이 원래 꿈이 뭐였냐고 물었어요. 저는 선생님이 되고 싶었다고 했죠. 그때 그 선배가 "그러면 선생님을 하면 되잖아" 하는 거예요. "어떻게 선생님을 해요?" 그러자 승무원을 그만두고 강사를 하는 사람들도 있다고 했습니다. 그때 매너 강사나 매너 컨설턴트라는 게 있다는 것을 알았어요. 원래 선생님이 꿈이었으니까 그게 딱 꽂혔어요.

08. 박사과정

제가 전문대를 졸업했다는 것을 주변 동료들이 알고 저를 은근히 무시하는 태도가 보이더군요. 어느 날에는 화장실에서 울면서 학교를 때려치울까 말까를 고민하기도 했어요. 하지만 내가 당신들보다 먼저 졸업할 거라고 다짐하면서 이를 악물었어요. 하여튼 박사과정이 너무 힘들었습니다. 경영학의 꽃이라고 할 수 있는 마케팅을 전공해서 더 힘들었던 것 같았어요. 그래도 제가 마케팅에서 종합시험을 최초로 한 번에 통과했어요. 어떤 교수님은 그동안 저를 오해하고 신경써주지 못해 미안하다고도 하셨죠.

09. 브랜드 매너의 정의

고객 중심의 회사는 결국 살아남습니다. 일종의 브랜드 관리를 하는 겁니다. 우리나라도 요즘은 많이 좋아지고 있긴 해요. 광고는 상품과 똑같아야 합니다. 소비자를 속이면 안 돼요. 매너를 지켜야 합니다. 광고는 근사하게 해놨는데 사보니까 전혀 아니다, 경험해 보니까 엉망이다, 브랜드가 고객에 대한 매너가 있어야죠. 그것은 사람도 마찬가지입니다. 그것은 일종의 신뢰란 말이죠. 신뢰가 없는 사람과 어떻게 거래를 할 수 있겠습니까?

10. 정치인

정치 현장에 들어와 보니, 정직한 정치인이 꼭 능력이 있는 정치인은 아닌 것 같다는 생각도 했어요. 선의의 거짓말, 하얀 거짓말이란 표현이 있죠. 정치인은 국민과 함께 가려면 그런 가면을 쓸 줄 알아야 하겠더라고요. 그것이 정치라는 생각이 들어요. 그런 얘기가 로버트 그린의 『권력의 법칙』을 관통하는 정치 전략 혹은 정치 철학이거든요. 그렇다고 해도 저는 거짓보다는 진실을 말하는 정치인이 되고 싶어요. 자기 말을 책임지는 정치인이 되고 싶습니다.

11. 온라인 컨설팅

네이트온과 손을 잡고 싸이월드를 활용해 취업 면접을 보는 온라인 프로그램을 개발했어요. 가격 때문에 오프라인 면접 컨설팅을 받지 못하는 청년들에게 도움이 되는 온라인 컨설팅이었습니다. 그런데 세상은 녹록치 않았어요. 당시 프로그램은 온라인 캐시인 싸이월드의 '도토리'로 결제해야 했죠. 지금은 전 세계를 덮친 코로나 때문에 '화상 컨설팅'이 아주 흔한 일입니다. 2000년대 중반을 생각하면 너무 선진화된 방법이었어요. 무엇보다 돈이 문제였죠. 투자를 전혀 받지 않고, 100% 본인의 자금을 쏟아부었으니까요. 그러니 자본력의 한계에 부딪혔어요.

12. 이미지 진단 시스템

2년 이상을 발바닥에 불나게 뛰어다녔죠. 그 결과 어느 정도의 네트워킹이 쌓였고, 투자처를 만날 수 있었어요. 덕분에 시대를 앞지른 앱 베이스(App base) '이미지 진단 시스템'을 개발했습니다. 사실 아주 흥분되는 일이었어요. 이미지컨설팅을 온라인화하는 애플리케이션을 통해서 한다는 야심에 찬 계획이었던 것이죠. 먼저 애플리케이션에 접속하면 얼굴형과 퍼스널 컬러를 자동 분석합니다. 그럼, 개인에게 어울리는 이미지를 비롯해 매너와 스피치 기법을 동시에 컨설팅하는 AI 시스템이 작동하는 겁니다.

13. 입법과 정책

자본이 없다거나 진짜 정보가 없어서 못 하는 일들이 의외로 많아요. 제가 그런 것들이 없어 실패해본 경험이 있으니까 하는 말입니다. 그래서 예측가능한 공정의 사다리를 만들어주고 싶은 거예요. 정치인들은 청년들에게 자꾸 돈을 공짜로 주면 만사형통이라고 생각하는 것 같아요. 제가 국회의원이라 제가 할 수 있는 일은 입법과 정책 분야입니다. 방금 한 말들은 입법으로 추진해볼 생각입니다.

14. 이미지

정리된 내면적 자기를 밖으로 보여주는 것이 이미지죠. 제가 박사 논문을 쓸 당시에도 그런 생각을 했어요. 긴 시간 동안 논문을 작성하면서 그동안 해 왔던 컨설팅을 정리할 기회를 가졌습니다. 그때 제가 인간 내면의 질서를 중요하게 여기는 한국철학, 동양 철학을 공부했다는 것을 정말 다행이라고 여겼어요. 동양 철학, 특히 유학은 인간이 표리일체를 달성하기 위한 학문입니다. 공자의 불혹(不惑), 지천명(知天命), 이순(耳順)이란 말들을 그렇게 이해했어요. 제가 하는 일은 CEO의 내면을 정리하는 데 도움을 주고, 그것을 제대로 드러나도록 하는 것이죠. 그게 이미지라고 할 수 있어요.

15. PI

이미지컨설턴트, 전략팀, 홍보팀이 전부가 움직여 후보의 이미지를 통일적으로 만들어내야 하고, 그것을 통괄적으로 관리하는 전문가가 필요하거든요. 어떤 후보가 기존의 정치 세력을 밀어내고 권력을 잡아야 하는 이유는 그가 다른 혹은 새로운 철학과 사상을 갖고 국민과 함께 새로운 나라를 세워보고자 하기 때문입니다. 그리고 후보의 그런 철학과 사상을 매력적으로 보이도록 이미지를 통괄하는 전문가가 PI입니다.

16. 권력의 법칙

노벨 경제학 수상자인 대니얼 카너먼이 했던 유명한 말이 있습니다. '성공을 위한 가장 중요한 조건은 지능이나 학벌 그리고 운이 아니라 바로 매력이다.' 저는 후보의 철학과 사상을 이미지를 통해 가장 매력적으로 보이도록 전략을 만드는 사람입니다. 아무리 좋은 철학과 사상도 매력이 없으면 대중에게 효과적으로 전달되지 않아요. 예나 지금이나 선거는 이미지 싸움입니다. 로버트 그린의 『권력의 법칙』을 보면 죄다 PI라고 할 수 있어요.

17. 가치 있는 일

저만의 능력으로는 보수의 때를 벗기기도 힘들고 무엇보다도 두려웠어요. 제가 이미지 전략으로 성공시킨 정치인들의 말로를 다 살펴보니 걱정이 앞섰습니다. 잘 된 사람도 있지만, 감옥에 간 사람도 있었으니까요. 그러니까 더더욱 나갈 수가 없겠더라고요. 솔직히 겁나서라도 갈 수가 없었어요. 그런 얘기는 못 했지만, 하여튼 그랬는데, 어느 순간 정치를 하면 제가 뭔가 가치 있는 일을 할 수 있겠더라고요.

18. 결단

그때 저를 추동시킨 것은 조국 교수 사태였어요. 조국 사태는 저처럼 살아온 사람들, 부모가 가진 게 없는 사람들, 돈이 없는 사람들을 절망하게 만들었습니다. 저는 가난하고 힘없는 청소년들을 위한 사다리가 있어야 한다고 생각하거든요. 늘 그런 생각을 해 왔어요. 왜냐면 저도 그렇게 살았으니까요. 저는 항공사 승무원으로 시작해서 여기까지 왔습니다. 저는 철저하게 '을'이었습니다. 저처럼 을로 태어난 사람들이 큰 포부를 가지고 성장할 수 있도록 사다리를 만들어주고 싶었어요.

19. 이미지 전략가 1

지도자가 되고자 하는 사람은 자신이 살아온 당신만의 스토리가 있겠죠. 또한 공부를 통해 얻었거나 경험을 통해 얻었거나 어쨌든 자신의 세계관, 가치관 그것을 응집해 국민을 향해 드러내고자 하는 가치가 있을 것이고, 그것을 사상이라고 할 수 있겠죠. 제가 하는 일은 이미지를 통해 그 지도자의 철학과 사상을 국민에게 보여주는 겁니다. 이미지컨설턴트 역시 그 지도자의 철학과 사상을 보여주는데 복무해야 합니다. 그래서 저는 제 스스로 이미지컨설턴트가 아니라 이미지 전략가라고 정의하고 있습니다.

20. 정치란 무엇인가

제가 종종 펼쳐보는 책이 있습니다. 로버트 그린이 쓴 『권력의 법칙』입니다. 이 책의 저자가 바라본 권력은 암투가 난무하는 세상입니다. 동지도 적도 없는 세상이라고 할 수 있습니다. 하지만 허구가 아니라 모두 사실을 기록한 내용입니다. 저는 정치란 바로 그런 권력의 속성, 불안전하고 추악함 속에서 '선'을 추구하는 것이라고 믿습니다.

21. 보수 변화 조짐

지지층 변화가 아니라 지지층이 확대되고 있다고 봅니다. 전통적인 보수 지지층에 더해 우리사회 진보세력의 말과 행동의 괴리에 실망한 분들이 진화하는 보수, 합리적이고 미래지향적인 보수, 이념보다 일을 열심히 하는 보수에 눈을 돌리고 응원을 하는 분위기가 느껴지는 것 같아요.

22. 공정과 평등

오세훈 시장의 발언이 기억에 남는데요, 담벼락에서 바깥을 바라보려면 키가 큰 사람은 좋겠지만 키가 작은 사람도 있기 때문에 우리는 그들을 위해 사다리를 놓아 줘야 한다고 했어요. 저도 오 시장님의 말씀에 깊이 공감하고 있어요. 물론 모든 조건이 평등해야 한다고 생각하지 않아요. 공산주의 사회에서조차 그것은 달성할 수 없었던 가치였을 테니까요. 소박하게 말하면 아이들이 교육받을 때, 이재용 회장의 딸하고 제 딸이 그렇게 많은 차이가 나면 안 된다고 생각해요. 제가 꿈꾸는 정치는 바로 그런 시스템을 만드는 겁니다.

23. 보수의 이미지 100년 성공 전략

저는 '보수의 이미지 100년 성공 전략'을 준비해야 한다고 생각해요. '새로운 페르소나' 즉 가짜의 가면을 가지라는 것이 아니라 우리 것을 제대로 보여줄 수 있는 다양한 얼굴을 가져야 한다는 거죠. 보수가 생각하는 소중한 가치를 지키기 위해서라도 세상의 변화에 발맞춰 살아야 합니다.

24. 유령

어떤 대선 후보는 이미지에 대해 대단히 부정적이었어요. 지금은 그분이 누구라고 밝힐 수는 없지만 그래요. 그러니까 일을 제대로 할 수 있는 상황이 아니었죠. 하지만 그런 상황에서도 저는 제 일을 합니다. 또 선거가 끝난 뒤 당선인으로부터 고맙다는 말을 듣지만 방금 제가 말했던 이유로 자신을 내세울 수가 없어요. 다만 유언비어처럼 떠돌아다니죠. '이번에 후보의 이미지는 허은아의 작품이라고 하더라.' 저는 졸지에 유령이 됩니다.

25. 연출

정말 차이점이 많아요. 미디어가 자신들의 입맛에 맞는 후보를 대통령으로 뽑으려는 의도가 있지 않나, 그런 생각이 들었어요. 실제로 미국 언론은 특정 후보를 지지한다고 듣긴 했지만요. 어느 날, 힐러리와 트럼프가 연설을 했어요. 그런데 힐러리 쪽에 500명이 왔다고 해요. 트럼프 쪽에는 2천 명이 운집했죠. 문제는 CNN이나 다른 방송에서 드러나는 상황으로 봐서는 힐러리 쪽에 사람이 훨씬 더 많은 것처럼 연출됐어요.

26. 예견

만일 힐러리가 이겼다면 대선에서 이긴 것이 아니라 미디어 전쟁에서 승리한 것이고, 트럼프는 그 벽을 넘지 못한 셈이 되었겠죠. 저는 사실 생각을 안 하고 갔어요. 2월에 현장 가서 트럼프를 연구하기 시작한 겁니다. 그가 될 것 같았어요. 기자처럼 현장에 가서, 직접 현장의 느낌을 받으니까, 그동안 믿고 있었던 힐러리가 위험해 보였고, 제 눈에는 분명히 그렇게 보였어요. 그렇게 선명하게 보이긴 처음이었어요. 제가 선거에 관여하지 않고 전문가로서 객관적으로 봤기 때문일 겁니다. 저는 분명히 힐러리가 힘들겠다고 느꼈죠.

27. 트럼프와 메라비언의 법칙

트럼프는 충분히 계산해 언어를 사용한 겁니다. 대화에서 시각과 청각 이미지가 중요시된다는 커뮤니케이션 이론이 있는데 그걸 '메라비언의 법칙'이라고 해요. 한 사람이 상대방으로부터 받는 이미지는 시각이 55%, 청각이 38%, 언어가 7%에 이른다는 법칙입니다. 트럼프는 정확히 메라비언의 법칙을 알고 있었어요. 그것은 그가 연단에 올라가 보여준 무대 연출을 보면 금방 알 수 있습니다.

28. 한국 재보궐선거

저는 오세훈 시장을 보고 많이 놀랐어요. 선거 홍보용 영상녹화를 한 적이 있었거든요. 지역 맞춤형 제작이라서 그게 보통 쉬운 일이 아니었어요. 보좌진들이 후보님 힘들다고 시간을 줄여달라고 하더군요. 제가 대통령 선거를 비롯해 중요한 선거에서 여러 번 겪어봤어요. 실제로 다른 후보들은 시간을 줄이죠. 그런데 오세훈 후보는 녹화 시간을 줄이지 않고, 짜증 한 번 내지 않고 웃으면서 끝까지 소화하더라고요. 아무튼 오세훈 후보는 방송을 워낙 많이 해봐서 그런지 능숙하고 참을성 있게 모든 일정을 기껍게 소화했습니다. 그런 의욕과 불굴의 노력 때문인지 점점 오세훈 후보가 박영선 후보를 따라잡았어요.

29. 청년 스피치

절대적으로 튀는 무엇인가가 필요했어요. 그래야만 우리가 상황을 주도하고 발전적인 이미지를 만들어갈 수 있으니까요. 그래서 찾아낸 것이 청년 스피치였습니다. 청년 스피치는 이미지나 프레임을 바꿀 수 있는 기획이라고 할 수 있었어요. 하지만 그게 말처럼 쉬운 일이 아니에요. 유세 차량에 알려지지 않은 젊은 친구가 올라간다는 것 자체가 기존의 선거에서는 상상할 수 없는 일이었어요. 이준석처럼 민주적인 사고에 훈련된 정치인이 아니라면 할 수 없는 창의적이 기획이었죠. 수많은 청년들이 나왔고, 가끔은 스타도 나왔어요. 자유롭고 민주적인 보수의 모습을 유세장의 형식을 통해 보여주었습니다.

30. 박근혜와 노무현

저는 이미지 전략가이고, 종국적으로 국가의 가치를 높이는 국가 브랜딩 작업을 하고 싶습니다. 하지만 사람들은 이미지에 대해 여전히 부정적이에요. 왜 이렇게 이미지에 대해 부정적인 인식을 하게 되었을까? 그것은 박근혜 전 대통령과 어느 정도 관계가 있는 것 같기도 해요. 박근혜는 선거의 여왕이란 이름이 붙여질 정도로 선거를 잘했는데, 사람들은 박근혜가 이미지로 선거를 치른다는 딱지를 붙였어요. 실은 노무현 대통령도 이미지를 엄청나게 사용했습니다. 다윗과 골리앗 싸움에서 다윗이 이기려면 이미지가 절대적입니다. 노무현 전 대통령은 그것을 아주 효과적으로 사용한 탁월한 이미지 전략가입니다.

31. 이준석

언론이 이준석의 메시지와 메신저를 동일시하면서 스토리를 만들어 가잖아요. 이미지 전략 측면에서 보자면 아주 탁월한 전략입니다. 실제로 셀럽들이 나와 어떤 때는 메시지를, 어떤 때는 메신저를 때립니다. 함께 때릴 때도 있고요. 언론과 정치판을 갖고 논다고나 할까. 물론 이런 과정을 부정적으로 볼 수 있지만, 이준석이 도덕적인 철학자가 아니라 끝없이 사람들의 입방아에 올라 회자되어야 존재 이유를 가지는 정치인이란 사실입니다.

32. 선택

어찌 보면 윤석열 후보가 후발 주자로 국민의힘이라는 보수 정당에 들어와 기존의 유력 정치인들을 이길 수 있었던 상황을 이해하려면 이런 상황을 충분히 이해해야 합니다. 일반 국민들은 홍준표 후보를 선택했는데, 당원들은 윤석열 후보를 선택한 이유도 마찬가지입니다. 당원들은 더 절박했기 때문에 윤석열 후보를 선택한 겁니다. 전 정권의 내로남불의 불공정과 비리를 청산하기 위해서는 정권을 바꿔야 하는데 윤석열 후보가 민주당 이재명 후보에게 확실하게 승리할 수 있는 카드, 즉 그들이 원하는 상품이었죠.

33. 빠른 행동

윤석열 대통령은 당시에는 친화력, 즉 관계의 리더십이 강점으로 보였어요. 이준석 전 대표가 지방으로 내려갔을 때, 직접 찾아가 만나서 오해를 푸는 포용력도 보여주었습니다. 그것도 두 번이나. 윤석열 대통령은 분명히 인간적인 흡인력이 있었어요. 정치적 전문성은 좀 약할지 몰라도 사람들을 통합하는 능력을 보여주었어요. 뭔가 문제를 잘 풀어갈 것 같은 이미지가 충분히 있었습니다. 빠른 행동을 계속 보여주었단 말이죠.

34. AI 윤석열

이준석 전 대표가 했습니다. MBN 방송에서 AI가 앵커를 맡고 그랬잖아요. 그 업체를 찾아가서 상의해서 한 거예요. 저도 적극적으로 지지한 이유가 윤 후보의 단점을 보완해 줄 수 있겠다는 생각이 바로 들었어요. 저도 윤석열 후보의 부정적인 이미지가 만들어지고 있어서 걱정을 하고 있었죠. 당내 경선 때 언론으로부터 지적받은 것들이 있었어요. 만일 윤 후보의 메시지를 담아 동영상을 직접 찍으려고 했다면 시간도 없고, 후보가 힘들어 오세훈 시장 때처럼 할 수도 없었을 겁니다. 오세훈 시장은 대상 지역이 서울이었지만 윤석열 후보는 전국이었습니다. 그 힘든 일을 AI 윤석열이 다 한 셈입니다. 목소리를 녹음해서요. 윤석열 후보가 설명해 주지 못하는 부분들도 잘 처리해 주었어요. 그러니까 윤석열 후보의 숨어 있는 매력을 보여주었죠.

35. 결단코 이미지

이번 선거는 젊은 층과 노인층이 협력한 세대포위론이 먹혔어요. 저는 이준석과 원희룡의 역할이 아주 컸다고 봐요. 윤석열 후보가 '59초 쇼츠'로 공영방송 정상화와 체육시설 소득공제 공약을 공개했는데, 해당 쇼츠에는 윤 후보와 이준석 대표, 원희룡 지사가 함께 출연했단 말이죠. 그 때문에 윤석열 후보의 이미지가 달라졌어요. 대통령 선거에서 제일 중요한 것은 결단코 이미지에요. 여기서 말하는 이미지라는 것은 아주 사소한 것부터 출발해요.

36. 충격과 희망

우크라이나 국민의 꿈이 산산이 부서지는 현장을 보고서 받은 충격을 잊지 못해요. 공습으로, 전차들이 쏜 포탄으로 도시가 무너지는 처참한 광경을 봤어요. 하지만 마을을 떠나지 않고 지키는 사람들에게서 희망을 보기도 했습니다. '폐허가 되어도 내 집은 내가 지킨다'는 의지를 읽을 수 있었어요. 우크라이나 사람들은 폐허가 된 도시, 부차로 돌아와 집집마다 국기를 내걸고 삶의 터전을 지키기 위해 결사 항전을 이어가는 것을 보았습니다.

37. 공간의 혁명

제가 메타버스 관련해 법안도 내고 했어요. 저는 전혀 다른 세상이 우리 앞에 펼쳐질 수 있다는 생각을 합니다. 메타버스로 인해 공간에 대한 혁명이 일어날 수 있습니다. 콜럼버스가 발견했던 아메리카 대륙보다 더 광활한 공간이 눈 앞에 펼쳐질 것으로 봐요. 제가 앞에서 누누이 말씀드린 것처럼 이미지는 절대로 허구나 가짜가 아닙니다.

38. 중심

이미지 세상에서 분열된 삶을 살지 않으려면 철학이 중요하다고 생각해요. 자신의 아이덴티티가 더 필요한 겁니다. 제가 실제로 메타버스 은아를 만들어봤어요. 분명한 자기 철학과 아이덴티티가 있어야 유행에 휩쓸리지 않는 자신을 만들 수 있겠더라고요. 그러지 않으면 누군지도 모를 자신이 그 속에 있는 겁니다. 우리는 더 열심히 책을 읽고, 세상과 소통하는 공부를 해야 합니다. 이미지와 모래 먼지 휘날리는 노마드 세계에서 자기를 지키려면 중심을 잡아야죠.

39. 이미지 전략가 2

저는 이미지 전략가로서 정치가 못하는, 경제가 할 수 없는 일을 하는 사람입니다. 아무리 훌륭한 정치적 식견에 탁월한 경제 정책을 갖고 있다고 해도 이미지 전략가를 통하지 않고는 국민들에게 그 식견과 정책이 효율적으로 전달되지 않습니다. 사람들이 이미지의 중요성을 알지 못하고 정치인들이 이미지를 가벼이 생각할 수 있겠지만 앞에서 말씀드린 것처럼 이미지는 우리 시대 소통의 언어니까요. 정치의 마지막은 결국 소통을 통한 설득이라는 데에 이미지의 중요성이 있다고 생각합니다.

40. 국가 브랜딩

미국을 포함한 선진국에서 이미지 전략가들은 선거만이 아니라 국정운영에 있어서도 중요하고 의미있는 판단을 합니다. 그것이 꼭 이미지 전략가란 이름이 아니라도 말입니다. 저는 소통의 전문가, 브랜딩 전문가로서 앞으로 국가를 긍정적으로 브랜딩하는 정치인이 되겠다는 것이 저의 앞으로 10년의 목표입니다. 사람은 자신이 잘 할 수 있는 일을 해야만 성과가 나오는 법이죠. 더구나 나라의 이미지를 만드는 일처럼 중요한 일은 다양한 분야의 전문가와 브랜딩 전문가가 함께 머리를 맞대는 것이 필요합니다.

KI신서 10508

정치를 디자인하다
허은아의 보수 이미지 성공전략 PI 3.0

1판 1쇄 인쇄 2022년 11월 17일
1판 1쇄 발행 2022년 11월 28일

지은이 허은아
엮은이 강희진
펴낸이 김영곤
펴낸곳 (주)북이십일 21세기북스

TF팀 이사 신승철
TF팀 이종배
출판마케팅영업본부장 민안기
마케팅1팀 배상현 한경화 김신우 이보라
출판영업팀 최명열
제작팀 이영민 권경민
진행·디자인 다함미디어 | 함성주 유예지

출판등록 2000년 5월 6일 제406-2003-061호
주소 (10881) 경기도 파주시 회동길 201(문발동)
대표전화 031-955-2100 **팩스** 031-955-2151 **이메일** book21@book21.co.kr

© 허은아·강희진, 2022

ISBN 978-89-509-4287-8 03300

(주)북이십일 경계를 허무는 콘텐츠 리더

21세기북스 채널에서 도서 정보와 다양한 영상자료, 이벤트를 만나세요!
페이스북 facebook.com/jiinpill21 포스트 post.naver.com/21c_editors
인스타그램 instagram.com/jiinpill21 홈페이지 www.book21.com
유튜브 youtube.com/book21pub